Die letzten Tage
Begegnungen mit Jesus

Michael H. F. Brock

Die letzten Tage

Begegnungen mit Jesus

Patmos Verlag

VERLAGSGRUPPE PATMOS

PATMOS
ESCHBACH
GRÜNEWALD
THORBECKE
SCHWABEN

Die Verlagsgruppe
mit Sinn für das Leben

Für die Schwabenverlag AG ist Nachhaltigkeit ein wichtiger Maßstab ihres Handelns. Wir achten daher auf den Einsatz umweltschonender Ressourcen und Materialien. Dieses Buch wurde auf FSC®-zertifiziertem Papier gedruckt. FSC (Forest Stewardship Council®) ist eine nicht staatliche, gemeinnützige Organisation, die sich für eine ökologische und sozial verantwortliche Nutzung der Wälder unserer Erde einsetzt.

Umschlaggestaltung: Finken & Bumiller, Stuttgart
Umschlagabbildung: Saskia Bannasch
Druck: GGP Media GmbH, Pößneck
Hergestellt in Deutschland
ISBN 978-3-8436-0505-2 (Print)
ISBN 978-3-8436-0506-9 (eBook)

Inhalt

Am ersten Wochentag aber, noch tief im Morgengrauen, kamen sie zur Gruft und brachten die Duftkräuter, die sie bereitet hatten. Sie fanden den Stein vom Grab umgewälzt, gingen hinein, aber den Leib des Herrn fanden sie nicht. Und es geschah: Während sie darob verstört waren – da! Zwei Männer in blitzendem Kleid traten zu ihnen.

In Furcht gerieten sie und neigten das Gesicht zur Erde. Die aber sprachen sie an: Was sucht ihr den Lebenden bei den Toten? Er ist nicht hier – auferweckt ward er.

Erinnert euch, wie er, noch in Galiläa, zu euch redete und sagte: Der Menschensohn muss in die Hände sündiger Menschen ausgeliefert und gekreuzigt werden und am dritten Tage auferstehen.

Und sie erinnerten sich seiner Worte.

Und zurückgekehrt vom Grab meldeten sie das alles den Elf samt allen Übrigen.

Es waren das aus Magdala Maria, und Johanna, und Maria, die Mutter des Jakobus.

Lukas 24,1–10a – übersetzt von Fridolin Stier

Ein Wort voraus

Es ist eine Liebesgeschichte. Zuerst und vor allem eine Liebesgeschichte Gottes. Er schenkt in die Herzen eine Nähe zum Himmel, die Menschen befähigt, ihn zu spüren.

Ob sie sich so nahe waren, wie ich es hier beschreibe: Maria, die aus Magdala, und er, Jesus? Ich weiß es nicht. Mir hilft es, ihm nahe zu sein.

Und also schreibe ich Geschichten. Sie sind frei erfunden und viele Dialoge und Augenblicke beschreibt die Bibel nicht. Ich spüre sie in meinem Herzen.

Nachfolge geschieht immer biographisch. Da wir aber keine Biographie von Jesus besitzen, helfen mir die erfundenen Bilder und Begegnungen mit ihm, ihn heute neu zu verstehen.

Ich habe nicht den Anspruch, alles verstanden zu haben. Und ich möchte auch nicht jeder Theologie Rechenschaft geben.

Ich möchte, dass beim Lesen spürbar wird, wie er gelebt, gesprochen, gedacht, gebetet, gelitten hat. Ich möchte ihm zuhören und bei ihm sein. In diesem Buch sind es oft kleine Gedanken und ich beschreibe seine letzten Tage.

Ja, seine letzten Tage möchte ich ihn begleiten. Ich tue es in kleinen Augenblicken, die ich beobachtend beschreibe. Maria tut es für mich rückblickend und in seiner Nähe. Ich beschreibe diese Nähe sehr emotional, weil mich Emotion immer fesselnd am Leben hält.

Die Dialoge, auch seine, sind ebenfalls frei erfunden. Und ich möchte nicht den Eindruck erwecken, ich wüsste mehr als andere.

Aber es ist für mich ein möglicher Zugang, ihm nahe zu sein wie etwa bei einer Reise nach Galiläa und Jerusalem heute. Über die Steine ist Geschichte gegangen. Aber er ist dort zu spüren.

Meist folge ich dem Evangelium des Lukas in diesem Buch. Verlasse es aber auch dort, wo es mein Herz mir eingibt, ihn besser zu verstehen.

Ich folge den Begegnungen, die ich zwischen Maria und Jesus erahne, den Freunden Johannes, Petrus. Manchmal trete ich aus biblischer Betrachtung heraus und beschreibe eigene oder gefundene Gedanken aus heutiger Zeit. Perspektiven wechseln und kehren doch immer wieder zu den beiden zurück: Jesus und Maria.

Biblische Zitate stammen aus der Übersetzung von Fridolin Stier. Sie sind nicht eigens gekennzeichnet, sondern fügen sich ein in meine Beobachtungen.

Und darum geht es mir. Ich möchte ihn mehr und mehr verstehen. Ihn, der als Mensch unter uns gelebt hat. Er war einer von uns. Er hat geliebt und geweint, geglaubt und gezweifelt. Er war mit Gott versöhnt und gottverlassen. Er ist Menschen so unglaublich heilsam begegnet und wusste, wer sein Vater war: Gott des Himmels und der Erde.

Wenn ich mit diesen skizzenhaften Beschreibungen, die man gerne je für sich oder als Ganzes lesen kann, Menschen das Leben Jesu, sein Sterben und, wie ich glaube, seine Auferstehung so beschreiben kann, dass Menschen wieder Freude haben, ihm zu folgen, dann war die Zeit, sie zu schreiben, wertvoll.

Michael H. F. Brock

Das leere Grab

Lk 24,1–10

Als wollte die Nacht nicht enden, begann der Tag. Maria stand draußen. Unbeweglich stand sie da. Ihr Haar vom Wind zerzaust und vom Schmerz. In ihren Augen die Tränen der Nacht. Es war Johannes, der zu ihr ging. Sie sprachen kein Wort. Sie konnten nicht, wollten nicht sprechen. Still stand er neben ihr. Blickte wie sie hinüber zur Stadt. Alt gewordenes Jerusalem. Staubig, laut, verhurt, reich und erbärmlich. Stadt in Angst, johlend, zynisch erhaben. Noch leckten sie das Blut des Ermordeten, tanzten den Totentanz in Spott gekleideter Huren der Macht. Und sollte doch Zelt Gottes sein unter den Menschen, das Heilige.

Es war der dritte Tag. Der dritte Tag. Was für ein großes Wort. Es war der Tag seiner Auferstehung.

Maria stand schweigend, weinend, aufrecht. Versteinert sah sie hinüber und wusste: Er war gestorben. Für sie war er tot. Johannes spürte es und nahm sanft ihre Hand, und konnte ihr doch kein Leben mehr schenken. Sie blickte ihn nicht einmal an, als er ihre Hand nahm. So tief hatte der Tod sie getroffen.

Als die ersten Strahlen der Sonne ihr Gesicht streichelten, brach sie zusammen. Zusammengekauert im Schoß des Johannes lag sie selbst wie tot und weinte bitterlich. Sie war so kraftlos und doch schienen in ihrem Inneren Bilder aufzuflackern, die sie noch tiefer in ihrer Traurigkeit gefangen hielten.

Sie sah den Augenblick vor sich, der ihr ganzes Leben verändert hatte. Jenes Bild des ersten Augenblickes, der sie die ganze Nacht begleitet hatte. Es war damals in Galiläa am See, nicht weit von dem Ort, da sie geboren wurde, Magdala. Es war ein Augenblick, als er zum allerersten Mal ihre Hand berührte. Er tat es fast wie im Vorübergehen, als sie einander auf dem Markt begegneten. Ihr Haar war lang und der Wind fuhr ihr hindurch, als bliese das Leben Glück im Augenblick seiner Berührung. Und wie von ihm angezogen, folgte sie ihm zu jenem Berg. Als er sprach, spürte sie, wie ihr Herz so ruhig wurde und doch so aufgeregt, ihre Blicke scheu. Und doch konnte sie keinen Augenblick ihre Augen abwenden, als er sprach.

Er sprach von nichts anderem, als was sie schon kannte. Die alten Prophetenworte aus seinem Mund aber paarten sich mit seinen Händen, seinen Augen. Sie schienen so lebendig, die Worte, wie sie sie nie erlebt hatte. Alte Worte. Er sprach sie jung. Gewohnte Blicke blickte er tiefer. Ohne sie bloßzustellen, blickten sie in jene Verwundungen hinein, die sie so gern verborgen hätte. Ihn ließ sie blicken auch in die verlorenen Orte der Seele, die sie so schmerzlich bluten spürte, bis er ihre Seele heilte mit einer zarten Berührung seiner Worte. Die Hände folgten und sie fanden sich in einer Umarmung der Seele, die sie sanft nun auch auf ihrer Haut spürte, als sie ihn so nah und zart bei sich wusste, dass sie den Boden verlor unter ihren Füßen und sich ganz und gar getragen fühlte von seiner Nähe.

Der Tag der Ermordung hatte ihr diese Nähe geraubt, die sie seit jenem ersten Augenblick jeden Tag aufs Neue spüren durfte. Es war ihre Liebe, die ermordet wurde.

Sooft hatte sie ihn gebeten: Lass uns unsere Liebe halten, sie bewahren. So gern hätte sie ihn für sich behalten. Und doch: Er konnte nicht. So als wollte er sagen: Schaut auf unsere Liebe und tut es uns gleich. So als wollte er nicht aufhören, ihre geschundenen Seelen zu berühren, wurde er immer rastloser in seiner Liebe. Nur abends, wenn alle schliefen, lag auch er in ihrem Schoß, so als schöpfte er Kraft aus ihrer Liebe.

Immer neue Worte fand er zu beschreiben, Sehnsucht zu wecken bei den Geschundenen. Als er schließlich tote Seelen zu erwecken suchte und es ihm gelang, waren seine Feinde übermächtig geworden. Diese Welt erträgt die erweckende Liebe nicht. Sie fürchtet sich vor einer Sehnsucht, die zur Hoffnung werden könnte, diejenigen zu vertreiben, die den Tod bringen.

Am Ende war es seine Liebe, die ihn hat schwach erscheinen lassen. Was konnte die Liebe antworten auf den Vorwurf der Lästerung? Er habe sich zum Sohne Gottes gemacht, hieß es. Ja, was war er anderes als der Sohn der Liebe. Eine Lästerung? Nein, er sprach aus, was alle hätten sein können, Söhne und Töchter der Liebe. Nur weil der Hass größer, die Macht mächtiger, der Spott verführerischer war und der Ehrgeiz sie alle zerfraß, sollte er ermordet werden.

Als Maria spürte, wie Johannes ihre Hand hielt und sie in seinem Schoß erwachte, blickte sie auf. In den Gräbern liegen unsere Träume, sagte sie. Die Gräber sind angefüllt mit unserer Sehnsucht und unsere Tränen mischen sich mit der Angst, die sie begrub.

Sollte der Tod tatsächlich mächtiger sein als das Leben? Vieles spricht dafür. Ich habe so viele Gräber gesehen, angefüllt mit Zynismus und Hass, Gräber voller verlorener Seelen, die nie ein Mensch berührte. Ich habe Menschen ihre Träume beerdigen sehen und die zarte Berührung jenes Augenblicks, der stets am Anfang stand. Freiheit ging verloren und die Kraft zu gestalten. Spott sprach das Leben und die Zärtlichkeit verschwand ebenso in den Gräbern wie das Lächeln auf deinem Gesicht. Auch das wurde begraben, das Lachen deiner Seele, das ich so oft wie Lichterstrahlen sah in deinen Augen.

Am Ende schien es gar, als wären Güte, Verständnis und Menschlichkeit jedem Sterben ins Grab vorausgeeilt, so als wäre ihr Verlust der erste Vorbote des Todes.

Komm, Johannes, lass uns gehen. Wir wollen den Geschundenen salben wie einst, als er die Gebrochenen salbte mit seiner Nähe. Lass uns den Tod beweinen.

Als sie am Grabe stand, das nicht verschlossen war, wollte sie nicht weitergehen. Ich kann nicht hinein, sprach sie. Sie sprach nicht zu Johannes. Es war, als spräche sie mit ihrer Liebe. Ich kann nicht hinein. Ich kann den Tod nicht salben. So als wäre der Tod es wert, gesalbt zu werden. Den Geliebten zart berühren vielleicht, aber den Tod wollte sie nicht salben.

Und was würden sie finden dort in der kalten Gruft? Nein, sie würde nichts finden. Ihre Liebe nicht und nicht den Freund. Das Grab ist angefüllt und leer. Beides. Es ist angefüllt: Betrogene Freundschaft, ermordetes Leben, verspottete Liebe. All das würden sie finden. Aber kein Leben mehr. Das Leben ist von jenem Ort gewichen, der nur noch Tod heißt und Verzweiflung. Und leer ist es. Ich spüre deine Wärme nicht mehr an dem Ort des Todes. Nur Schweigen und keine Worte mehr. Nur Tränen bleiben, bleiben bis heute.

Vielleicht eines Tages, vielleicht in ferner Zeit, werde ich dem Engel glauben, der vom Leben spricht. Vielleicht, wenn die Sehnsucht neu in mir erwacht, vielleicht dann, werde ich ihm glauben. Heute noch nicht.

Ihr seid mehr wert als die Spatzen

Lk 12,1–12

Mehr wert als die Spatzen? Maria musste schmunzeln und überlegte: So komme ich mir aber nicht vor, mehr wert als die Spatzen. Wie erlebe ich sie denn? Ich erlebe sie lästig. Sie stören. Wagen sich bis auf meinen Teller, drehen leicht den Kopf, so als wollten sie mich verhöhnen. Und sie kommen in Massen, überfallartig. Dabei fliegen sie so unverschämt eng an meinem Kopf vorbei, dass ich zurückschrecke, meist in einer Bewegung, die weh tut. Irgendetwas verkrampft immer. Das Genick, der Hals, der Rücken. Jede ruckartige Bewegung, die keine Chance hat, koordiniert zu werden, verursacht in meinem Alter Schmerzen.

Manchmal beobachte ich sie und sie mich. Sie sind so menschlich in ihrer Aufdringlichkeit. Sie kennen kein Maß. Von Nähe und Distanz haben sie keine Ahnung. Sie haben nur ihr Fressen im Kopf und wie sie dran kommen können, ohne erwischt zu werden. Hastig picken sie auf Tellern, Tischen, vom Boden. Ihr Picken wirkt verzweifelt, ihr Flügelschlag kämpferisch, nur ihre Augen bleiben starr auf mich gerichtet, so als wollten sie sagen: Du magst groß sein und die großen Stücke schon gegessen haben, für mich fällt immer etwas ab. Und, ich behalte dich im Auge. Du magst dich aufregen über mich, aber ich bin schneller. Du magst nach mir schlagen, du weißt schon, ich bin schneller. Schnell da und schnell wieder weg. Und ich bekomme, was ich will. Was ich zum Leben brauche, nehme ich mir, stehle ich mir. Gestohlenes Leben, hastig, flügelschlagend, aufgeregt, schillernd. Immer im Rudel.

Mag sein, dass es beruhigt, dass die Gierigen immer zusammen auftreten. Sie haben nichts Edles, eigentlich sind sie klein und hässlich. Aber sie kriegen, was sie wollen. Mehr fällt mir zu den Spatzen nicht ein.

Aber warum vergleicht er uns eigentlich mit ihnen. Natürlich bin ich mehr wert als sie. Halt, ich wollte ehrlich sein, heute wenigstens. Ja, es stimmt. So komme ich mir vor, manchmal wenigstens. Und je länger ich überlege: Ja, wenn ich ehrlich bin, so komme ich mir oft vor, ich komme mir lästig vor und klein. Ich habe nicht die Größe der meisten Menschen, die erwachsen und bedeutend zu Tisch sitzen. Ich bin nicht in der Lage, mir ein ausgewähltes Mahl zu bestellen. Ich genieße nicht den Vorzug eines reich gedeckten Tisches, mit weißem Tischtuch, weißen Tellern, silbernem Besteck und einem Sonnenschirm.

Wir, die Spatzen, müssen uns die Brocken zum Leben allzu oft einfach klauen und sind froh, wenn ein Stück vom Leben für uns abfällt. Ja, ich Spatz, ich weiß: Ich störe, weil ich Hunger habe. Glaubt ihr Großen, ihr hättet allein das Recht auf ein üppiges Mahl? Ihr habt es verdient, sagt ihr. Ihr hättet von Natur aus das Anrecht. Es gäbe eben Unterschiede, sagt ihr. Und Begabungen, Vorrechte. Abstammung, Gattung, Vermögen. Ich kann es nicht mehr hören.

Ja, ich bin nur ein Spatz. Ich habe nichts gelernt, nichts empfangen, mir nichts verdient und erarbeitet. Ich bin, was ich bin: klein, unbedeutend, lästig.

Und ich trotze der Natur. Ja, ich fliege an deinen Ohren vorbei, damit du erschrickst und zusammenzuckst, und ich lande auf deinem Teller. Nur ein Brocken trockenes Brot. Aber ich ertrotze es mir. Ich behalte dich im Auge, du Auserwählter der Schöpfung. Du arroganter Mensch. Du mit deinem Sonnenschirm und deinem weißen Tischtuch.

Ich stehle mir das Leben. Ja, ich bin maßlos. Ich nehme mir, was ich kriegen kann. Was glaubst du eigentlich? So oft kommt es nicht vor, dass ein Brocken vom Leben übrig gelassen wird. Meist vernasche ich hastig, was du übrig gelassen hast.

Du Mensch, du wagst schon ein Urteil? Meinst du nicht, ich würde nicht gern genießen wie du? Meinst du wirklich, es sei erstrebenswert, so klein und schutzlos zu sein wie ich? Du meinst, ich sollte mich benehmen? Nun, sich zu benehmen, muss man sich leisten können. Bei mir geht es meist ums reine Überleben. Von der Hand in den Mund, würdet ihr sagen. Ich sage, vom Boden in den Schnabel, Hauptsache, es hält mich am Leben.

Du hast die Idee der Aufstände noch nicht verstanden. Je kleiner wir sind oder angesehen werden, desto frecher werden wir und rücksichtsloser. Und ja, wir treten im Rudel auf. Die einzige Chance, uns größer zu fühlen. Und wir behalten euch im Auge. Wir lassen uns unser kleines Leben nicht mehr nehmen. Und spürst du es? Wir sind schneller, wendiger und einfallsreich.

Wir sind die Überflüssigen. Und nur die Kinder freuen sich an unserer Gegenwart. Beobachten unsere Frechheiten mit eigenem Amüsement. Einmal frei sein wie sie, lese ich in ihren Gedanken. Nur einmal nicht einfach nur brav am Tisch sitzen müssen. Einmal fliegen wie die Spatzen, frei und ungezwungen vom Boden essen. Nur sich einmal nicht benehmen müssen. Statt mit Messer und Gabel nur einmal mit dem Mund vom Teller essen.

Einmal vermeintlich Verbotenes, Verpöntes tun, nur weil ich es zum Leben brauche, ohne Rücksicht auf Etikette und Stand. Das ist die Ironie. Die Großen hassen ihre Rolle allzumal und können sich doch von ihr nicht trennen.

Und darum hassen sie uns. Und je länger ich nachdenke: Vielleicht sind wir einfach nur ehrlich. Wir Spatzen sind Getriebene. Getrieben vom Hunger, getrieben von unserer Schwäche. Getrieben, weil wir so klein sind und hässlich. Getrieben, weil wir uns nehmen, was wir brauchen.

Ja, ich mag nicht mehr. Ich werde mich nicht mehr dafür entschuldigen, ein Spatz zu sein. Ja, ich habe Hunger und ich möchte es aussprechen dürfen. Ich habe Hunger nach Leben. Und ich möchte mich nicht mehr dafür entschuldigen und ich will es mir nicht mehr stehlen müssen. Ich bin mehr wert als die Spatzen.

Ja, es hat einen Wert, auch das kleine, unbedeutende, hässliche, nebensächliche Leben. Und ich werde dir um die Ohren fliegen. Deine Kinder haben es schon verstanden. Sie springen mit, lachen mit und werfen die kleinen Brotstücke uns entgegen wie das Leben selbst. Freuen sich, wenn wir ihnen aus den Händen picken, und kehren kleinlaut an den Tisch zurück, wenn ihnen bewusst wird, wie verärgert ihr reagiert.

Ja, es ist ein hingeworfenes Leben. Und jeder kämpft auf seine Weise, nur dass es bei uns offensichtlich ist. Den Mehrwert erlebe ich bei den Kindern und bei den Alten, wenn sie in der Nachmittagssonne auf der Parkbank sitzen und uns die Brosamen zu Füßen legen und sich daran freuen, wie wir Brotstücke aufsammeln. Sie bemerken, vielleicht sie allein, dass unsere Blicke auch Dankbarkeit ausstrahlen.

Was mich, Maria, unterscheiden könnte von den Spatzen: Auch ich bin eine Getriebene, aber ich weiß mich nicht verachtet, weil ich klein bin. Ich fühle mich nicht verfolgt, weil ich mir Leben stehle, und ich fühle mich nicht verspottet, weil ich hässlich bin.

Ich habe es erlebt. Ich lag in seinen Armen am Abend jenes Tages. Und ihr habt mich verachtet, weil ich ihm so nahe sein durfte wie ein Spatz. Was ihr nicht wisst: Ich stahl ihm nicht, was ich zum Leben brauchte, er schenkte es mir, ein Stück Leben, wie die Brosamen der Geschichte. Aber nicht weil sie weggeworfen wurden, weil sie auch für mich noch reichten. Mehr noch, weil auch sie mich noch erreichten.

Und ich blickte ihm in die Augen, aber nicht flüchtig, nicht furchtsam, sondern voller Aufmerksamkeit für den nächsten Augenblick.

In euren Augen war ich wertlos wie die Spatzen, für ihn war ich der Augenblick, da er wieder Kind sein durfte, und alt auf einer Parkbank sitzen, und ich spüre wie er es genoss, das Leben zu verschenken, mir, dem Spatzen in seiner Hand.

Und ihr: Ihr seid noch mehr.

Wo euer Schatz ist, da ist euer Herz

Lk 12,22–32

Für einen kurzen Moment verlasse ich biblische Zeit. Ich erzähle eine Geschichte von einem Menschen, der seinen Schatz verloren hat, wie es schien, und beinahe das Herz.

Ich war siebzehn Jahre alt, als er starb. Und er war doch erst sechzehn. Bis zu diesem Tag kannten wir noch keinen Schmerz. Jedenfalls keinen wirklichen.

Wir kannten die Tränen der Kindertage. Oh, auch die waren schon heftig. Tränen sind immer schrecklich. Aber wir weinten uns in die Nacht und wussten uns doch irgendwo geborgen. Es waren die Tränen, die sich noch abwischen ließen durch eine zarte Berührung.

Als der Tag kam, der alles verändern sollte, merkten wir es gar nicht. Wir waren wie immer, oder doch zumindest oft, im Wald. Wir spielten mit dem Wind und den Blättern, wie Kinder es tun. Und wir waren Kinder, verliebte Kinder.

Seine Hand zu berühren, uns von den anderen dabei nicht ertappen zu lassen, diese Augenblicke für die Ewigkeit, die kannten wir schon und genossen sie. Leicht und verspielt berührte sein Mund den meinen und wir stellten uns vor, wie die Welt wäre, wenn wir groß sind. Wir würden auf ewig verbunden bleiben. Der Wald war unser Geheimnis und unsere Liebe.

Als er seine Augen schloss, meine Hand lag noch in der seinen, wurde der Wald zum Fluch. Dort hatte der Tod auf ihn gewartet. Es war nur ein einziger kleiner Biss, eine so zufällige Begegnung mit dem Tod riss ihn mir aus der Hand, aus dem Leben.

Es war keine Absicht und kein Schicksal, es war einfach nur Zufall, wie der Tod dem Leben begegnete. Und doch riss mich sein Tod in so unendliche Qualen.

Und ich verfluchte Gott. Schrie ihn an und fürchtete seither seine Rache. Der Wald macht mir Angst und ein Gott, der mir den Freund entrissen hat.

Ich gehe nicht mehr gern in die Kirche, das Theater halte ich nicht mehr aus. Der Gott der Liebe hat gemordet durch seine Schöpfung, die wir zu lieben bereit waren. Der Gott der Freundschaft hat die Treue zerstört, die wir einander schenken wollten. Der Gott des Trostes hat seine Nähe verweigert, die wir einander gewährten. Der Gott des Lichtes ist in meinem Herzen zur Finsternis geworden. Ich verfluche den Ort eurer Lieder und singe nicht mehr zum Tanz der Lebenden.

Ich besuche sein Grab, ich besuche sie alle, die Gräber des Lebens, und weine am Ort meiner Erinnerung. Sie sind mir heilig geworden. Die Gräber und die Erinnerung. Nur lassen sie mich nicht mehr leben.

Für euch habe ich mich in mich hinein zurückgezogen. Nur meine Angst bemerkt ihr noch und meinen scheuen Blick ins Leben, das ich mir selbst nicht mehr erlaube.

Ihr gabt mir einen Kater, gegen meine Einsamkeit Tabletten und verordnet mir Spaziergänge und Therapie. Ich mag die Therapeuten nicht. Sie sitzen mit verschränkten Armen mir gegenüber und sagen nichts. Nichts Wirkliches, nichts, was mir das Leben zurückbrächte.

Warum geht mein Bruder noch heute durch den Wald? Weiß er nicht, dass dort der Tod wartet? Warum nimmt er nicht die drei Kilometer Umweg? Und wenn er es nur für mich täte. Seine Freundin wohnt drüben auf der anderen Seite des Waldes. Oh, wenn er es doch für mich täte. Dieser kleine Umweg Leben, nur damit ich mich nicht mehr so sehr fürchten muss. Er lebt doch noch. Und ich will ihn nicht eines Tages zu Grabe tragen, nur weil er durch diesen Wald ging wie einst mein Leben.

Manchmal, auch heute noch, geht er neben mir her. Und er ist so wirklich wie meine Liebe. Niemand glaubt mir, niemand kann ihn sehen. Ich aber sehe ihn, spüre ihn, höre ihm zu, wenn er mir in meine Einsamkeit hineinspricht. Den Weg zum Friedhof gehen wir oft gemeinsam. Manchmal lässt er mich einen kleinen Umweg gehen. Er weiß, dass ich mich manchmal vor den Leuten, die hier wohnen, fürchte. Also gehen wir den kleinen Umweg. Es ist tröstlich, wenn wir miteinander an seinem Grab stehen. Ich würde es allein niemals ertragen.

Gestern im Traum sah ich ihn. Er stand so real und wirklich an meinem Bett, wie es lebendiger nicht geht. Ich glaube, ich habe geschlafen und es war im Traum. Aber Traum und Wirklichkeit zu unterscheiden, gelingt mir schon lange nicht mehr. Und ich hörte seine Worte. Ich möge Obacht geben. Ja, er flehte mich an: Geh nie wieder in den Wald. Der Tod sucht dich und du ihn, das spüre ich, und doch, ich will dein Leben. Ich will, dass du lebst. Also meide den Tod. Und ich erwachte, schweißgebadet. Er war fort. Und doch ist er da, ich spüre es.

Ja, mein Schatz ist im Himmel, das wenigstens will ich noch glauben, und mein Herz.

Der Tod hat ihm sein Leben, mir mein Herz geraubt. Aber was mache ich gegen die Furcht? Ich fürchte mich so sehr und kann sie nicht greifen, die Furcht und das Leben.

Und ich mag die Tabletten nicht mehr. Die Spaziergänge schon und den Kater. Aber niemals werde ich mich mehr auf einer Waldlichtung ins Gras legen. Niemals mehr.

Und dann heute hörte ich eine Stimme. Sie sprach leise. Fast als würde sie mich in den Arm nehmen. Und sie sprach von Gott und meiner Angst, und sie leugnete nicht, dass es ihn gab. Endlich jemand, der mir glaubt, dass er manchmal bei mir ist.

Ja, das gibt es. Dass dein Schatz sich mit deinem Herzen verbindet. Das kann er nur für dich und nur mit dir. Es spielt keine Rolle, dass die anderen ihn nicht sehen können. Es ist eure Begegnung.

Die Liebe findet immer ihren Weg. Auch zwischen Himmel und Erde. Manchmal ist es ein Schatten, manchmal ein Lied, oft ein Traum, dann wieder ein Gefühl oder eine Berührung, die dir die Gänsehaut wachruft, und Lust und die Tränen. Und alles auf einmal.

Und sprach: Ich habe Gott weinen sehen, als er starb. Er wollte deine Tränen auffangen, aber es war keiner da, der dich hielt. Er hält deine Schreie aus und konnte dich mit seiner leisen Stimme nicht erreichen. Er wollte dir Freund sein, doch im Augenblick des Todes konntest du nur den Tod sehen, und doch blieb er in deiner Nähe. Suche ihn nicht in seinen Kirchen. Dort geht er schon lange nicht mehr hin. Geh lieber eine Zigarette rauchen. Das hilft dir mehr.

Und dann bleibt dir der Wald. Du brauchst nicht mehr hineinzugehen. Nicht jetzt. Es ist deine Angst, die dort lebt. Eine Angst, die du heute nicht erträgst. Und wenn sie dich verlachen. Es ist deine Angst. Und du brauchst dich ihr nicht auszuliefern.

Und es ist an deiner Seite dein Freund, der für dich lebt. Für dich ist er lebendig. Andere halten dich für krank. Aber dir ist er das Leben, also lebe.

Du fürchtest dich dennoch, weil er dir großen Schmerz vorhersagt, dich warnen will vor dem neuen Tag.

Ich frage mich, ob er dir wirklich Angst machen will. Ich glaube es nicht. Meinst du wirklich, er macht den langen Weg aus dem Himmel zu uns auf die Erde, um dich zu ängstigen? Ich glaube, es ist deine Angst, die das so spürt und fühlt. Ist es nicht vielmehr so, dass er bei dir sein will in deiner Angst. Und ängstigen dich nicht mehr die Menschen, die seine Nähe nicht spüren können?

Nein, lass dir ins Herz flüstern, in dein himmlisches. Sei stolz auf solch eine Liebe, die euch noch im Tode verbunden hält.

Glaube an seine Nähe und fühle dich vom Himmel beschützt. Der Himmel gibt dir keine Wege vor und kann auch den Tod nicht vertreiben. Aber der Himmel kann bei dir sein. Seine Liebe und seine zärtlichen Worte.

Und ich bin mir sicher, eines Tages wird er dir vom Leben sprechen. Vielleicht wird er dir sagen, was er einst zu Maria von Magdala sprach. Damals, als sie in den Tränen gefangen war. Er sprach: Lass mich gehen. Erst dann kann dein Leben wieder beginnen. Sei gewiss, ich bin bei dir alle Tage deines Lebens. Aber lass mich gehen.

Der Himmel deinem geliebten Schatz, und ein Teil deines Herzens wird immer bei ihm sein. Doch solange es schlägt, hier auf Erden, sucht es – dein Herz – eine Hand, eine Stimme, einen Weg, der mit dir die Angst besiegt, auch vor dem Wald und dem Tod.

Neben dir geht der, der dich ins Leben führen will. Davon bin ich überzeugt.

Lasst eure Lampen brennen

Lk 12,35–40

Meinst du, er kommt wieder? Fragte Maria leise. Ich weiß gar nicht, ob sie mit mir sprach. Sie schaute nicht auf, als sie es sagte. Sie blickte nur hinunter ins leere Grab. Es war so schweigend leer. Und ihre Tränen waren mit mir Zeugen ihres Schmerzes.

Sie sprachen über Freiheit, damals auf dem Berg. Er stand wie in Licht gehüllt, als er mit Mose sprach. Und ich sah mein geknechtetes Volk, wie es Stroh und Staub zu Lehmziegeln formte. Ich sah die leeren Gesichter, die eintönige Arbeit, die sie verrichteten, und die blutenden Füße, die das Stroh stampften. Es war nur ein Schluck Wasser, ein wenig Brot und die Hitze der Sonne, was ihnen geblieben war.

Es waren keine Bilder mehr in ihren Zelten, keine Heimat. Und sie sangen keine Lieder mehr. Hin und wieder ging ihr Blick hinauf in die Höhe und sahen doch nur die Glut der Hitze, die sie umgab. Sie sprachen nicht mehr viel in jener Zeit. Keine Geschichten, keine Gedanken mehr, nur elendes Überleben. Für ihre Herren ein ideales Volk. Wer keinen Willen mehr hat und keine Lieder mehr kennt, genügt sich mit Brot und Wasser. Sie bekamen noch Kinder und sie trugen die Namen der Alten. Damals gab es keine neuen Namen mehr, sie trugen die alten. Das war der letzte Rest an Würde, den sie besaßen, die alten Namen.

Als sie ihre Gebete neu entdeckten, war der Schmerz zur Verzweiflung geworden. Sie schrien nach ihrem Gott, der sie doch längst verlassen hatte. Aber es gab sie, die Nacht, in der die Schreie neu begannen. Es waren noch keine Lieder, aber doch Schreie, die zum Gebet sich formten.

Es war noch kein Glaube, noch keine Zuversicht, aber doch entbrannte Sehnsucht in ihnen. Ich kann nicht sagen, wie es geschah. Es war ein Herz am Abgrund, das nicht bereit war, einfach so zu sterben. Und also schrie es und begann mit seinem Schrei die anderen zu wecken, und sie stimmten ein in den Schrei der Verzweifelten.

Sie hatten keine Kraft, sich zu erheben. Und also schrien sie nach einem Gott, der ihnen jenen senden möge, der es für sie hat.

Er wäre von Gott auserwählt und würde in Gottes Namen mit machtvoller Stimme die Erde erbeben lassen. Feuer würde vom Himmel regnen und unglaubliche Plagen das Land befallen. Das Wasser des Nils würde sich in Blut wandeln. Und einst, wenn der Tod umhergehen würde und die Erstgeborenen Schreie des Todes ausstießen, dann wäre das Wort erfüllt, und das Volk ließe er ziehen.

Und so wurde zum Gebet und die Bilder erwachten neu: Lass mein Volk ziehen.

Und er sah ein Feuer, das nicht verbrannte, und hörte eine Stimme, die sein Herz erreichte. Er konnte ihn nicht sehen und seinen Namen kannte er nicht, aber das Feuer sah er und hörte die Stimme. Und wenn sie mich fragen, wer mich gesandt hat, woher nehme ich die Kraft und das Recht und den Mut und die Stimme.

Du wirst sprechen, wenn du das Feuer in dir brennen spürst, und du wirst sprechen, wenn deine Sehnsucht wagt, Hoffnung zu werden. Es ist der Schritt, mitten im Elend zu schreien: Halt. In Gottes Namen, halt.

Und sprach es. Und Feuer wurde und Blut und Plagen und Tod. Bis es geschah und das Volk schrie Freiheit und zog hinaus durchs Meer in die Wüste. Vierzig Jahre lang.

Freiheit schrie er, und das Elend blieb. Aber es war ihr Elend, nicht das, das andere über sie gebracht hatten. Ihre Füße waren weiter blutend vom Staub der Erde. Aber sie stampften keine Lehmziegel mehr, es waren erste Schritte der Freiheit.

Und wieder verloren sie ihren Glauben und nannten es Freiheit und Kampf war und Elend. Und Götzenbildern und fremden Göttern hingen sie an. Ich kann ihn verstehen, Mose, dass er ihnen Gesetze gab, denn sie verstanden die Freiheit nicht und das Gesetz. Sie entdeckten die Freiheit nicht darin, nur Gehorsam fanden sie und keinen Glauben. Ob sie darüber sprachen, damals auf dem Berg, als das Licht ihn umgab?

Und Elija kam hinzu und sprach von jener Frau, die ihr letztes Mahl mit ihm teilte, damals, als das Volk sich abgewandt hatte und er von Raben genährt wurde im Tal im Osten. Sie hatte nichts zu geben und gab doch alles. Und ihr Sohn starb elend und doch bereitete sie ein Mahl, das letzte.

Nie wieder soll ihr Vorrat schwinden und niemals wird der Tod ihre Liebe rauben. Es war das erste Mal, dass das letzte Mahl zum Mahl der lebendigen Liebe wurde. Damals ist es geschehen.

Und so waren sie beisammen, Mose, der Mann der Freiheit, Elija, der Mann des Glaubens, und er, dessen Licht den Berg erfüllte, als er sprach.

Ob sie wiederkommen, fragst du. Sie werden geboren und sie sterben. Und die Gräber bleiben dennoch leer.

Wenn er über das Gesetz sprach, da klang es nicht bitter, und Gehorsam mochte er nicht. Strenge ward ihm zuwider und Strafe kannte seine Sprache nicht. Er drohte nicht, das hat sie bedroht, die auf die Macht setzten und das Gesetz.

Wer werden wir sein. Jetzt, da er gegangen. Ich weiß es nicht. Kann dir nicht sagen, wer wir sein werden. Ich kann dir sagen allein, wer wir sind. Er hat es uns gesagt.

Eure Lenden seien gegürtet und die Leuchten brennend. Dann gleicht ihr Menschen, die darauf warten, wann ihr Herr von der

Hochzeitsfeier heimkehrt, um ihm, wenn er kommt und klopft, sogleich zu öffnen.

Woran ihr merkt, dass er es ist, der bei euch anklopft? Wenn euch das Gesetz zur Natur wird und seine Liebe Feuer entfacht in euren Herzen. Wenn ihr spürt, dass Stimme und Wort übereinstimmen und Bilder lebendig werden, die von Freiheit sprechen, dann ist er es, der aufsteht in euch. Freiheit ist sein Credo, Glaube seine Passion, Hoffnung seine Stimme und Sehnsucht seine zarte Hand, die dich hineinführt in ein Leben, das öffnet, deine Seele für die Geburt Gottes in deinem Leben.

Er darf nicht einfach Erinnerung werden, sagte Maria leise. Es ist mir zu wenig, wenn seine Stimme in mir lebt und ich seine zarte Hand auf meiner Haut nur erahnen und nicht spüren darf. Seine Augen, wenn sie sich in die meinen verliebten und wir Hand in Hand am See der Sonne entgegengingen. Lass es, mein Gott, nicht zur Erinnerung werden. Erinnerung ist viel zu bitter, das Grab bleibt leer und meine Schreie bleiben gefangen in der Höhle des Todes.

Die Freiheit des Mose wurde zum Gesetz der Gehorsamen. Der Glaube des Elija wurde zum Dogma der Kirche. Lass seine Liebe so nicht enden, mein Gott.

Und mein Herz pocht, als wolle es zerspringen. Johannes war bei mir geblieben, in jener Nacht. Er störte meine Trauer, meine Gedanken nicht mit Worten. Er war einfach da. Hielt meine Hand und schaute in meine Augen.

Er wird nicht gestorben sein, Maria, sprach Johannes. Es wird ihm das Schicksal des Mose und Elija erspart bleiben. Ich glaube, er sieht dich, spürt deine Tränen, hält deine Hand. Du hast ihn gesehen, damals leuchtend auf dem Berg. Es war ein Leuchten, das seine Kleider hell machte wie Schnee in der Sonne, so glänzend weiß. War er dir fern, an jenem Tag, oder nah?

Er war fern und nah, sagte Maria. Er war mir nah wie immer, in meinem Herzen unsterblich nah. Seine Worte, seine Gedanken, seine Augen, seine Hände, als umarmten sie mich heute noch, und leuchtend weiß war er, als wäre der Himmel in ihm, und Ewigkeit spürte ich, an jenem Ort war er entrückt, dem Himmel gleich.

So ist es heute. Seine Hände zu spüren, wird sein, wenn du einen Menschen berührst, der dich inniglich liebt. Seine Worte werden lebendig, wenn du deine Hand in eine Hand gibst, die sich dir flehentlich entgegenstreckt aus Liebe oder Erbarmen.

Und seine Augen sind Augen der Liebe. Immer dann, wenn du dich geborgen fühlst in den Armen eines Menschen, der dich begehrt, begehrt dich der Himmel.

Und fühlst du das Leuchten und Feuer in dir. Geh ihm entgegen. Und weißt du nicht, zu welcher Stunde er kommt? Liebe immerfort. Und wenn er erst in der zweiten und wenn er erst in der dritten Nachtwache kommt und euch findet, selig sind jene.

Von der Versöhnung

Lk 12,54–57; 13,18–21

Ich ging zu ihm. Er war wütend gewesen. Hat die Menge einfach stehen lassen, nachdem er sie angeschrien hatte. Ja, manchmal bricht es einfach aus ihm heraus. Heuchler, hatte er sie genannt. Und sie verstanden gar nicht, von was er geredet hatte.

Er hielt an, als ich mich ihm in den Weg stellte. Sein Gesicht verbarg er kurz in seinen Händen, so als wolle er sich den Zorn aus den Augen waschen. Er blickte zu Boden. Ich nahm seine Hände. Hielt die seinen in meinen. Wir schwiegen. Jetzt brauchte es kein Wort. Nicht in diesem Augenblick. Es würde nur einen Moment dauern, aber diesen Moment brauchte er.

Als ich seine Wange berührte mit meiner Hand, neigte er sein Haupt. Für einen kurzen Augenblick schloss er die Augen, als wolle er ausruhen von seiner Wut.

Ich wusste, dass er sich in solchen Momenten selbst nicht leiden konnte. Er wollte meine Hand nicht loslassen, als wir uns in den Schatten setzten. Noch immer blickte er zu Boden.

Sie verstehen nicht, sagte er. Sie verstehen mich nicht. Sie haben die Wirklichkeit nicht begriffen, die ich ihnen schenken möchte. Was heißt schenken? Es ist ja da. Ich brauche es ihnen nicht zu geben, das Reich meines Vaters. Aber ihre Augen zu öffnen, vermag ich nicht.

Sie können den Boden deuten, auf dem sie stehen. Sie nehmen ein Stück Erde in ihre Hände und wissen, ob er fruchtbar ist. Sie lassen ihn durch ihre Finger gleiten und wissen, was anzubauen hier gut ist. Sie blicken in den Himmel und sobald sie im Westen Wolken aufsteigen sehen, sagen sie, es gibt Regen, und es gibt

Regen. Und wenn der Südwind weht, dann sagen sie, es wird heiß, und es wird heiß.

All das hat sie ihre Erfahrung gelehrt. Sie ziehen mit dem Regen und lagern an den Quellen. Und keiner nächtigt ohne Schutz in der Wüste.

Sie haben die Natur zu deuten gelernt und ihre Feinde. Sie wissen sich zu nähren und zu schützen. Und doch haben sie vom Leben nichts verstanden. Sie leben wie ein Stück der Natur: Sterblich, zerbrechlich. Aber keiner lebt die Ewigkeit, hier und jetzt den Himmel auf Erden.

Sie schuften wie die Kamele und jagen dem Leben nach wie die Hunde und sie lieben wie die Schweine. Und sie gebären Vergangenheit. Und das Schlimmste ist, sie haben sich dabei eingerichtet. Jeder rechnet mit Dürre und also sammeln sie Vorräte. Alle rechnen mit Krieg und also bewaffnen sie sich. Sie betrügen die Erde um ihre Heimat.

Wie ein Kind am Abend legte er seinen müden Kopf in meinen Schoß. Wie ein Baby zog er seine Beine an den Körper, machte sich klein und weinte. Ich streichelte seine Haare aus dem Gesicht und schwieg. Mag er ein wenig spüren von seiner Ewigkeit in meinem Schoß, dachte ich.

Zwischen uns lag ein Band, das keiner zu sehen vermochte, und doch spürten sie es. In diesen Momenten konnte man es spüren. Das Reich Gottes mitten unter den Menschen. Wenn es nichts mehr zu verteidigen gab, dann war es da. Wenn er verletzbar war, wurde es sichtbar.

Ja, das waren die Zeichen, die ich spürte. Es kam so oft nicht vor, aber heute Abend genoss ich seine Nähe. Ich hielt den Atem an, um den seinen zu spüren. Keine Sekunde wollte ich schlafen und jede Stelle seines Körpers bedecken, mit meiner zarten Hand ihn umarmen. Ob er meine Küsse spürte, während er schlief? Ich weiß es nicht. Ich spürte nur tief in mir, wie er ruhiger wurde.

Im Schlaf berührte er meine Seele, als ich seinen Atem spürte wie ein Hauch des Südwinds und eine berührende Wärme in meiner Brust aufstieg und meine Seele sich befreite von jener Enge, die mich einst umgab, als mir die Nähe zum Grab eines Lebens wurde, das käuflich geworden war. Käufliche Schönheit wurde mir zum Ekel einer Welt, die fest umschlungen zur Fessel wurde. Heute spüre ich Freiheit, wenn ich an ihn denke.

Und Tränen begleiteten meine Gedanken, als ich ihn hängen sah am Kreuz, so voller Verzweiflung rang er nach Luft und keinen Schrei vermochte er mehr aus seinem geschundenen Leib zu pressen. Ob er es geahnt hat in jener zarten Stunde, wie schmerzlich er mit dem Leben ringen würde?

Heute wache ich nachts oft auf. Versuche, mir seinen Atem vorzustellen und seine Nähe, die mir wie der Himmel war. Ich sah ihn nach Luft ringen in jener Stunde. So als würde ihm der Essig, den man ihm gereicht hatte, die Seele zuschnüren, und seine Angst brach sich Bahn in einem Schrei, den ich nie wieder vergessen werde. Er schrie, als wolle er den Satan wieder in den Himmel schreien. So voller Bitterkeit habe ich ihn nie erlebt bis zu jener Stunde, da er selbst den Vater anschrie. So verlassen war er.

Ich berührte noch seine Füße. Wenigstens dies. Meine zitternden Hände auf seinem geschundenen Leib berührte ich seine Füße.

Ich erwachte schweißgebadet in seinen Armen. Noch schlief er. Als wolle er die ganze Welt im Traum versöhnen, schlief er in meinen Armen.

Und als er erwachte, blickte er in meine Augen. So voller Liebe sahen wir uns an. Es ist wie ein Senfkorn, sprach er, das Reich meines Vaters. Es ist so unscheinbar klein, so unbedeutend in deinen

Händen und doch. Es lässt sich nicht aufhalten. Es ist wie unsere Liebe. Einmal in unsere Herzen gepflanzt, bleibt sie unbesiegbar. Sie ist verletzlich klein. Und gib gut auf sie acht. Du darfst sie des Tages nicht unbedacht berühren, so zerbrechlich ist sie. Sie verträgt die lauten Worte nicht. Und Trennung macht sie traurig. Berührungen der Seele legt sie in deine Hände, die sie in sanfter Bewegung zu einem Gefühl der Unsterblichkeit werden lässt. Ja, sie ist unsterblich.

Meine Liebe in deinem Herzen. Und Heimat ist sie meinem Vater mehr als jedes Wort. Als er sie dir schenkte, war es nur ein scheuer Blick, nur ein Gedanke deiner Träume. Und fast wäre sie erstorben in deiner Angst. Beinahe hättest du sie übersehen, in all deinen Gedanken fand sie kaum Raum.

Erst als du sie berührtest und dich berühren ließest von ihr, war der Raum geboren, an dem sie wachsen durfte.

Heute ist sie wie ein Baum, der dir Schatten spendet. Wenn die Hitze des Tages dich verzehren will, verzehrt sich deine Liebe nach ihm, in dessen Schatten die Kinder tanzen.

Ich bin noch nicht recht versöhnt mit den Tränen und den Verletzungen meiner Seele. Vielleicht ist das Leben für Versöhnung einfach zu kurz und waren die Schläge zu heftig. All die verlassenen Stunden und die Einsamkeit und die Nächte ohne Atem zu schwarz. Vielleicht trägt meine Trauer noch die Tränen jener Nacht, als du von mir gingst. Hatten wir uns nicht versprochen zu bleiben?

Heute gingen wir Hand in Hand am Ufer des Sees. Heute keine großen Reden und es war auch kein Blinder da, der nach Erbarmen schrie, und die Jünger schliefen noch, als die Sonne erwachte und der Tag begann.

Lass dich nie wieder für deine Liebe bezahlen, Maria, sprach er. Wirf das bisschen Leben nie wieder in die Hände jener, die dir deine

Einmaligkeit rauben wollen, nur weil sie selbst nie geliebt haben. Lass sie vorüberziehen, die Mörder der Geschichte des Reiches meines Vaters.

Und erstick nicht an den Tränen, die dir deine Liebe bereiten wird. Berühre sanft mein Gewand, wenn es Abend wird. Schenk mir ein Lächeln, wenn ich vor der Menge stehe, und küsse den Wind, wenn er von Süden kommt.

Siehst du, das kann uns keiner mehr nehmen. Uns hat der Himmel berührt. Und der Regen fiel auf vorgewärmten Boden. Und unser Senfkorn hat Wurzeln geschlagen in unseren Herzen und wächst dem Himmel entgegen.

Versöhne dich ein wenig mit der Welt. Sie ist die einzige, die wir haben. Träume dein Leben und schau den Wolken nach. Zieh ihnen nach und bleib am Kreuz nicht stehen und an den Tränen des Abschieds.

Maria, einst wird sich der Himmel öffnen auch für dich und an den Toren des Lebens wird dich der Vater fragen, was bringst du mit? Und du wirst sagen: Die Liebe deines Sohnes bringe ich dir. Und er wird dich anlächeln, wie ich es heute schon tue, und wird sagen, war sie süß oder bitter, war sie zart und hat er dich berührt? War sie sanft oder hart? Hat sie dich genährt und hat sie Leben geschenkt?

Und du wirst sagen, sie war wie der Sauerteig meines Lebens. Nichts ist mehr getrennt von ihr. Nichts blieb unberührt und keinen Winkel meines Leibes und meiner Seele hat sie nicht durchflutet. Und Atem gab sie mir und die Tränen. Das Lachen schenkte sie und den Schmerz verwandelte sie in tiefe Geborgenheit.

Ja, Vater, am Ende hat sie mich versöhnt und meine Tränen heb auf.

Im Reich Gottes zu Tisch

Lk 13,22–30

Die Gleichnisse, die er sprach, lassen mich immer wieder ausbrechen aus meinen Gedanken. Ich verlasse biblische Zeit und kehre in meine Gedanken ein:

Ich bin nicht mehr eingeladen. Die Türen sind verschlossen und ich kann hämmern mit meinen Fäusten, wie ich will, auf jene Tür, die mir verschlossen bleibt. Ich kenne dich nicht, nicht mehr.

Warum stößt mich dieses Gleichnis derart vor den Kopf? Weil du es anders nicht verstehst, höre ich meine innere Stimme, so als spräche ich zu mir selbst.

Als wir noch Kinder waren, kannte ich dein Lachen noch. Es war ein Spiegel deiner Seele. Jede Freude vermochte dir ein Lachen zu entlocken. Deine offene und freundliche Art, mir zu begegnen, war eine Liebeserklärung an das Leben. Verspielt suchten wir in unseren Augen jenen Punkt zu erreichen, der uns verletzbar, vor allem aber berührbar werden ließ für den anderen.

Wie viele Begegnungen haben in jener Weite und Offenheit begonnen. Ein Versprechen galt und es galt unbedingt. Ich wäre nicht auf die Idee gekommen, dir nicht zu vertrauen. Wie gesagt, da waren wir noch Kinder. Natürlich haben wir uns auch verletzt, das geschah sogar oft.

Aber wir haben uns in dieser Verletztheit nicht ertragen. Wir haben den Schmerz nicht lange ausgehalten. Wir mussten uns unbedingt versöhnen. Ja, es war Bestandteil unserer Liebe, dass wir die Tränen des anderen zu trocknen immer bereit waren. Das Wort der Verzeihung war uns ebenso selbstverständlich wie das der Liebe.

Irgendwie schien es uns natürlich zu sein, dass wir Menschen nicht immer auf den Wolken schwebend in Liebe und Treue perfekt wären. Aber wir waren perfekte Vergeber. Wir waren, obwohl noch Kinder, Meister des Erbarmens, weil uns sonst unsere Liebe verloren gegangen wäre und niemals durfte das geschehen. Es durfte alles geschehen, nur den Verlust unserer Liebe, den hätten wir nicht ertragen.

Ich kann es mir eigentlich nur so erklären. Wir waren viel zu naiv für das Lachen der anderen. Konnten wir ahnen, dass es Menschen gab, deren Lächeln Berechnung war. Dass es Menschen geben würde, die ihr Lächeln benutzen würden, uns zu besitzen, gar uns zu bestimmen. Es gab sie. Es gab Menschen, die uns gekauft haben, benutzt, betrogen. Eines Tages kam ich heim und du warst nicht mehr da. Und jeder Ruf nach Erbarmen erstickte im Schweigen der Wände, die mich umgaben.

Was wir uns geschenkt hatten, war eine Freiheit, die die Welt heute nicht mehr kennt. Es war die Freiheit, so zu sein, wie ich bin, und du durftest sein, du. Es war die Freiheit zu bleiben und zu werden. Es war die Freiheit, dir meine Liebe zu schenken, vorbehaltlos.

Heute gibt es nur noch die Freiheit zu gehen, loszulassen, wegzulaufen. Ich erlebe die geschenkte Liebe nicht mehr. Ich erlebe sie kalkuliert, berechnend. Manchmal auch ängstlich. Wie viel betrogene Liebe kann ein Mensch ertragen, ohne Angst zu bekommen vor dem Menschen?

Ja, ich bin heute längst erwachsen, sie begegnet mir noch, die kindliche Liebe des Unbedingten. Aber sie ist gefangen. Sie ist gefangen in deinen Erfahrungen, in den bitteren Tiefschlägen gebrochener Treue. Sie liegt verängstigt in deiner zerbrochenen Seele, die so oft missbraucht wurde, dass du die wahre Berührung gar nicht mehr zulassen kannst.

Alles steht unter Verdacht. Ja, auch dein Lachen ist verdächtig. Es könnte ein Spiel sein und ich kenne die Regeln nicht. Es kann ein Vertrag sein und nur du kennst die Ausstiegsformel. Es könnte vor allem Berechnung sein und ich werde zum Objekt deiner Gedanken und Wünsche.

Dasselbe habe ich bei den Tränen erlebt. Erwachsen gewordene Tränen werden zur Erpressung. Wie oft bin ich auf dieses Spiel hereingefallen?

Was ist mit den Träumen? Ja, so haben wir uns das Reich Gottes vorgestellt, und es sei mitten unter uns. Es ist ein Reich, in dem Sehnsucht und Hoffnung Hand in Hand gehen und die Hoffnung der Sehnsucht Tränen trocknet. Es ist das Reich der Visionen, die aber mit einem Schuss Vertrauen und Zuneigung, etwas Mut und Tatendrang versehen auch immer im Werden sind.

Vor allem aber, im Reich Gottes ist kein Mensch allein, und sollte sich einer verloren haben, so wird er gesucht, gefunden, in den Arm genommen und getragen, nach Hause.

Blinden das Augenlicht, so hat es begonnen. Und ich habe ihm geglaubt.

Was ist aus unserer Liebe nur geworden?

Und siehst du, warum sollte ich dich einladen, zu jenem Hochzeitsmahl der Liebe. Nein, ich verschließe die Tür und du kannst pochen und schreien, wie du magst. Ich kenne dich nicht mehr.

Und als ich saß am Fuß der Tür, mir meine wund gestoßenen Hände besah, fiel es mir auf. Sie waren blutig, die Hände. War es meine Seele auch?

Habe ich meine Hände und Gedanken gar mit Blut besudelt. Bin ich noch der, der ich bin, und wer bin ich geworden, wäre ich es nicht mehr. Ist das der Grund, hast du sie deshalb verschlossen, deine Tür? Kennst du mich deshalb nicht mehr, weil ich der bin, heute, der ich bin?

Ich werde wegen diesem Gleichnis meinen Glauben nicht verlieren, das schwör ich dir. Mein Gott geht mir auch nach, obwohl mein Lächeln erkauft ist. Er schenkt Erbarmen, auch in meiner Erbarmungslosigkeit. Ich werde nicht verloren gehen, nicht endgültig. Es gibt eine Ewigkeit, auch für mich. Das glaube ich.

Ich widerspreche nicht. Dies lehrte ich dich und es bleibt wahr. Aber eines muss ich dir noch sagen. Du kannst in die Ewigkeit immer nur dein Leben mitbringen. Dein Leben, das du wirklich gelebt hast. Es wird kein neues geben, deines bleibt, auf ewig.

Vielleicht, nein ich bin mir sicher. Die Verlogenheit wird sterben und auch dein Kalkül. Die Angst wird aufgehoben und deine falschen Tränen entlarvt.

Aber wie soll deine nicht gelebte Liebe Ewigkeit werden, sie bleibt auf ewig leer. Wie wird es sein mit den nicht gewährten Küssen des Erbarmens, sie sind auf ewig verloren.

Weißt du, die vielen Irrtümer sind nicht so schlimm, auch nicht die verworrenen Pfade, die du gehst. Und ich kenne die steilen Berge, die du erklommen hast, und die tiefen Täler deiner Trauer. Hab Vertrauen. Was krumm ist, kann gerade werden, und die Berge und Täler werden zum Paradies deines Lebens. Die Ewigkeit kann vollenden, was du nur beginnen konntest. Aber sie kann es, vollenden.

Komm, versteck dich nicht mehr hinter deinen Wunden. Lauf nicht mehr vor deinen Verbrechen davon und vor deiner Angst. Du bist zum Händler ausverkaufter Liebe geworden, verschenke, was du hast, und fühle dich frei. Und sprich es aus. Beschreibe deinen Kampf.

Es war vor langer Zeit. Ich begriff, dass ein Blick mehr sagte als alle dummen Worte. Also gewöhnte ich mir an, Blicke zu studieren. Die Stellung der Augen, genauer der Augenbrauen. Die Falten im Gesicht, über der Stirn, um die Augen und in den Mundwinkeln.

Ein hartes Training. Sie sollten Fragen stellen und Fragen beantworten können. Und sie können es.

Welche Falte gehört zu welcher Frage und welcher Augenaufschlag gibt die Antwort? Gibt es eine Faltensprache und ein Augenzwinkern, das allen gleich ist? Oder entwirft jeder Mensch seine eigene Sprache? Ich bin bis heute noch nicht ganz dahinter gekommen. Ich glaube noch an eine gemeinsame Sprache der Falten. Augen haben mich schon oft betrogen. Aber Falten im Gesicht sind eindeutig. Menschen, die ihre Gesichtszüge verbergen oder zu gut trainiert haben, erschrecken mich. Ich möchte wissen, ob ich geliebt oder verachtet werde. Ich möchte gemeint sein, wenn sich unsere Blicke begegnen. Aber ich bin nicht besser. Auch ich habe gut trainiert. Vor langen Jahren habe ich damit begonnen. Ich stand vor einem Spiegel. Schaute mir ins Gesicht und versuchte zu lesen. Ich sah die Ungeduld und wollte sie ruhig aussehen lassen. Ich sah die Zweifel und sie sollten wie Sicherheit aussehen. Ich sah ein Kind und wollte den Mann sehen. Jahre später fand ich den Mann, der dann ein Greis sein wollte.

Aber das Geheimnis habe ich gefunden. Es gibt eine Sprache, die alle hören und doch nur wenige zu deuten wissen. Es gibt einen Blick, den alle sehen dürfen und doch nur wenige zu deuten vermögen. Es gibt ein Geheimnis, das uns als Menschen ausmacht. Eine Sprache hinter den Worten und ein Erleben hinter den Falten.

Nur eine Angst gibt es. Die Angst hinter dem Wort und dem Blick, nicht mehr erkannt zu werden von dir.

Und also lasse ich es. Ab heute wird nicht mehr gespielt, auch nicht mit den gut trainierten Augen. Lieber lasse ich mich neu verletzen. Lieber schenke ich neu mein Vertrauen, bevor es eine Leerseite der Ewigkeit wird.

Die Frage ist ja nicht, ob wir verloren gehen. Die Frage ist, ob wir gelebt haben. Und sollte dir die Liebe neu begegnen, erinnere dich daran, wie sie in Kindertagen war. Sie war unbedingt und voller Vertrauen. Und wenn es Tränen gab, dann wuschen sie die Küsse hinfort.

Und sanft poche ich an deine verschlossene Tür. Und hab ein wenig Angst vor deiner Stimme. Doch sie spricht sanft. Ich kenne dich. Du bist das Kind, das ich einst erschuf. Groß bist du geworden und die Falten sind tiefer geworden. Aber ja, ich kenne dich.

Tritt ein, das Fest der Ewigkeit hat begonnen.

Mahnung zur Bescheidenheit

Lk 14,7–11

Ich sah sie sitzen vor den Toren der Synagoge. Sie kam nie herein. Sie durfte nicht und konnte nicht. Mit gebeugtem Rücken saß sie zusammengekauert vor dem Eingang. Eine Demonstration. Nein, es war eher ein Anblick der verzweifelten Ohnmacht.

Sie bettelte nicht. Sie saß nur da. So als konnte sie nicht anderes. Als ich sie ansprach, erschrak sie.

Sie stützte sich mit einer Hand am Boden auf, als sie gebrochen langsam sich erhob. Sie war viel kleiner, als ich gedacht hatte. Ihre Statur war auch im Stehen gebeugt. Ich reichte ihr meine Hand und ich spürte ihr Gewicht in meiner Hand, ohne die sie vornüber gekippt wäre. Es war, als wäre meine Hand ihr Stock, ihr Halt. Nur langsam gingen wir die Straße hinunter und setzten uns an den Rand des Brunnens.

Frauen und Kinder trafen sich dort, schleppten die enormen Gefäße mit Wasser auf ihren Schultern. Die Gebeugten hatten hier nichts zu suchen. Sie ließen uns in Ruhe, weil ich dabei war und meine Hand keinen Einspruch erlaubte. Sie war sicher in meiner Nähe.

Nein, ihr Rücken war nicht von Geburt an krumm. Sie wollte die Schrift studieren wie ihr Bruder, doch es wurde ihr verwehrt. Sie wollte das Leben diskutieren, ausprobieren. Doch ihre Rolle schrieb sie auf den Brunnen fest und auf ihr Heim. Von Jahr zu Jahr wurde sie stiller. Anfangs versuchte sie, wenigstens mit dem Bruder zu diskutieren, wenn er heimkam von seinen Studien. Doch der ließ sie nur so lange mitreden, wie er glaubte, es sei ein Spiel. Spielerisch durfte sie ihre Meinung sagen. Anfangs durchaus ernsthaft. Sie war ein guter Partner im Disput, ein Sparringspartner.

Doch als er merkte, dass es ihr ernst war, wurde auch er ernst. Er würde seine Traditionen nicht brechen. Zuhause ein Spiel, auf der Straße sah er ihr nach, wie sie zum Brunnen ging.

Er würde nicht den Fehler machen, den er sah, als er sich dort am Brunnen mit einer Frau traf und wie die Blicke auf beide fielen. Nein, er würde das Getuschel und die argwöhnischen Blicke nicht ertragen. Und er wollte sie nicht verraten, die Tradition, die es verhindern würde.

Mein Rücken ist krummer und gedrückter geworden. Die Last, nicht die sein zu dürfen, die ich mir vorstellen wollte, war übermächtig und stark. Auch verlor ich die Sprache mit den Jahren. Nach all den Diskussionen daheim, den vielen Sprechverboten, schwieg meine Seele, dann meine Sprache, mein Mund blieb verschlossen.

Und doch zog es mich Tag für Tag wenigstens in die Nähe der Synagoge. Ich wollte nahe bei meinem Leben sein, auch wenn ich es nicht leben durfte.

Er aber nahm meine Hand und führte mich die Straße wieder hinauf und als ich Halt machen wollte vor dem Tor der Synagoge, führte er mich hinein. Die Stufen hinauf fielen mir schwer, doch seine Hand führte mich sicher bis in die Mitte des Raumes.

Die Worte der Empörung hörte ich kaum, ich sah nur seine Hand, die mich führte, und ich blickte ihn so fragend an, er lächelte sanft.

In der Mitte angekommen, legte er mir seine Hände auf, so wie Vater es tat, als er alt geworden meinem Bruder die Hände auflegte. Die Gebete kannte ich gut, es war, als würde seine Kraft und seine Autorität auf meinen Bruder übergehen. Und mir war in diesem Augenblick, als wenn mein Rücken sich aufrichtete, und ich sah den Mann, der meine Hand gehalten hatte, zum ersten Mal von Angesicht zu Angesicht. Es war, als hätte er mir zurückgegeben, was mir die Jahre genommen haben, auch meine Sprache.

Als er meine Hand losließ, wollte ich sie greifen. Nie war ich allein gestanden und spürte doch in diesem Augenblick, wie meine Füße mich trugen. Noch mehr hatte er mir gegeben. Er gab mir meine Würde als Mensch zurück, mir, der gekrümmten Frau, legte er die Hände auf, so als wäre der Segen Gottes auch für mich bestimmt, und er war es, ich spürte es.

Mit mächtiger Hand und festem Blick ließ er die Umliegenden schweigen, und keiner wagte ein Wort, als er einen jungen Mann aus dem hintersten Winkel der Synagoge neben mich stellte. Er war hager und schwach und eine Hand war verdorrt.

Jetzt bekamen sie Oberwasser, die eben noch schwiegen. Die Gottesmänner und Schriftgelehrten der Synagoge. Mit aufrechter Haltung bildeten sie einen Kreis um ihn. Jetzt konnte er nicht mehr ausweichen. Nicht genug, dass er eine Frau zu ihnen brachte. Jetzt auch noch den jungen Mann mit der verdorrten Hand.

Sag uns, wer hat gesündigt, fragten sie ihn, er oder seine Eltern. Denn sie waren der festen Überzeugung, dass Gott das Leben jener strafen würde, die es in Sünde verbrachten. Die verdorrte Hand war der Beweis.

Darum wuschen sie sich jeden Tag, hielten peinlich die Gesetze und riefen laut und vernehmlich ihre Gebete, damit jeder sehen und hören konnte, wie rein sie waren vor Gottes Angesicht.

Dieser wohl kaum, wie gesagt, die verdorrte Hand.

Doch er sprach, weder er noch seine Eltern haben gesündigt. Allein, dass an ihm Gottes Macht sichtbar würde, trüge er diesen Schmerz. Und wieder legte er seine Hand auf die Hand, die verdorrte, und alsbald war sie gesund.

Gott straft nicht die Sünden unserer Kinder. Er missbraucht das Elend nicht für eure Eitelkeit.

Doch ihr, ihr Tugendhaften, was versteht ihr von Gottes Willen. Ihr habt gelernt, euch in Liedern und Gebeten ihm zu nähern. Seid ihr so sicher, dass er euch hört, euer Geschwätz wirklich hören will.

Und er erzählte ihnen folgendes Gleichnis: Wirst du von einem zu einer Hochzeit geladen, so lagere dich nicht auf den ersten Platz. Es könnte ein Ehrwürdigerer als du von ihm geladen sein. Und es kommt, der dich und ihn geladen, und sagt zu dir: Mach diesen Platz frei. Dann wirst du voll Scham den letzten Platz einnehmen.

Und sprach zu dem, der ihm die meisten Widerworte gab, dem hoch Aufragenden mit den langen Quasten und der die längsten Gebete sprach und vorne saß bei jedem Mahl. Noch heute möchte ich bei dir zu Gast sein.

Und lad den jungen Mann dir ein, der jetzt geheilt war. Und den Bruder dieser Frau, damit auch er versteht. Und lass die Frau erzählen, von den Gesprächen am Brunnen, dass es dort keine Fremden mehr gibt und nur den Durst zu stillen zählt.

Und so soll es sein: Wenn du ein Abendmahl gibst, so rufe nicht deine Freunde noch deine Brüder und nicht deine Stammesgenossen noch reiche Nachbarn – damit nicht auch sie dich einladen und du es wettgemacht bekommst. Nein, wenn du einen Empfang gibst, so rufe Arme, Krüppel, Lahme, Blinde zusammen. Und selig bist du, weil sie nichts haben, um es dir wettzumachen.

Er aber verließ die Synagoge. Und lange ward er nicht mehr gesehen. Viel später wurden sie Freunde: er und der ihm die meisten Widerworte gab. Sie wurden Freunde, weil er heimlich in der Nacht ihn besuchte, und viele Fragen hatte er, der so viele Worte besaß.

Auf was achtet Gott, was möchte er von mir? Wie werde ich Mensch?

Gott braucht deine Gewänder nicht und nicht deine Worte. Gott möchte, dass du aufmerksam wirst für das Elend deines Volkes.

Und könntest du nur einer einzigen Frau die Hand reichen, sie zu stützen, und legtest ihr die Hände auf, so wie dein Vater es bei dir tat, und du gäbest ihr zurück, was ihr ihr gestohlen habt, ihre Würde, wie sehr wäre Gott in diesem Augenblick bei dir.

Und legte seine Hand auf das verdorrte Herz.

Hilf mir, Lazarus

Lk 16,19–31

Wie wird es sein. Ob wir nach dem Tod noch singen können. Die alten Lieder mit den neuen Texten. Die schwungvollen, die wir sangen in den erträumten Nächten. Die bis in den Morgen hallten und die Sonnenaufgänge erlebten und einmündeten in die leisen Melodien herzumschlungener Zweisamkeit.

Wie werden unsere Worte klingen nach dem Tod. Kann ich sie noch wahrnehmen und mit dir diskutieren über den Tod hinaus. Werden wir die Wortschlachten fortsetzen und die Klingen kreuzen im Gefecht der Worte. Und neue schöpfen und alte verdammen wie einst in unseren Kindertagen. Heute sind sie so bestechend, die Worte, und bestimmen unser Leben. Wie wird es sein einst.

Und werde ich laufen können. Ist der Himmel überhaupt ein Ort zum Laufen. Von Wolke zu Wolke werde ich springen.

Und werde ich noch deine Hände spüren, deine so herrlich zarten Hände. Werde ich sie überhaupt noch spüren. Ist der Himmel ein Ort zum Spüren. Er muss es sein, denn wir fühlten uns sooft dem Himmel nahe, wenn wir einander berührten.

Und was ist mit den Schmerzen. Ich habe gelesen, im Tod würde der Schmerz enden, und ich habe gelesen, dort würde er erst beginnen. Merkwürdig.

Lazarus zum Beispiel. Er wird beschrieben als ein Mensch, mit dem wohl keiner tauschen mochte. Arm, krank, ausgestoßen. Sehnsüchtig bettelnd nach ein paar Brotkrumen, irgendwo übrig geblieben vom Tisch eines Reichen. Mit Geschwüren übersät und keiner wohl, der ihn versorgt hätte. Nur die Hunde labten sich an seinen Wunden.

Als jener starb, wurde er, so wird berichtet, in Abrahams Schoß getragen. Er musste sich nicht in den Himmel schleppen und mühselig das Paradies erklimmen. Alle Beschwerden hatten für ihn, als er die Augen schloss, zum letzten Mal ein Ende. Von Engeln auf Flügeln getragen in den Schoß Abrahams. Dem kann ich nachspüren. Der Tod als jener Augenblick, da die Wunden aufhörten zu schmerzen und der Hunger endlich aufhörte, den verkrampften Magen zu peinigen. Für ihn war der Tod die Linderung allen Elends.

Lazarus würde im Tod getröstet werden. Das allein wäre eine gefährliche Botschaft. Und tatsächlich hat sie schon viel Elend gerechtfertigt durch die Geschichte.

Wenn der Trost dich allein im Himmel erwartet. Wie viele würden sich in ihrem Elend den Himmel wünschen. Und die Kraftlosen würden ihrem Leid erliegen und den Tod erwarten als Erlösung ihres Lebens.

Und doch habe ich ein Wort des Trostes oft gesprochen vor den offenen Gräbern. Wie als wäre es das letzte Gebet. Und das war es oft. Das letzte verzweifelte, sehnsüchtige Gebet, Gott möge das Elend dort wandeln, wo er die Macht besitzt, es zu tun, und wir es hier versäumt haben bis zum letzten Atemzug.

Ja, an das Ende der Schmerzen will ich glauben, das Ende der Zweifel, das Ende der Sehnsucht und ein Ausruhen vom Leben, dem geschundenen.

Aber welche Art Schmerz soll beginnen im Tod. Für wen wird der Schmerz unendlich, der Hunger groß und die Verzweiflung zu seinem Elend im Tod. Das kann nur sein für Menschen, die im Tode den Spiegel ihres Lebens erblicken und die sich ganz sicher waren, wer sie sind und waren, und würden sich so anders gespiegelt sehen im Tode.

Lazarus war sich selbst so elend, dass er sich selbst zu belügen keine Chance hatte.

Und doch erlebe ich viele, die sich ihr Leben lang betrügen. Ob es immer nur reiche Menschen sind? Das ist mir zu schwarz-weiß gezeichnet. Aber die Gefahr besteht, dass man das Leben für käuflich hält und das Glück.

Was ist mit denen, die sich das Glück erkaufen und die Welt verstehen, als wäre sie die einzige Wirklichkeit, die es zu erobern gilt, gar zu besitzen.

Wer daran arbeitet und daraufhin lebt, dies Leben zu besitzen, der wird im Tode nur aufschreien können, denn alles wird er verlieren. Seine gekaufte Welt wird zurückbleiben und in Schmerzen wird er sich in dem einzigen Leintuch finden, das allen bleibt. Kein Purpur und kein feines Leinen wird ihm im Tode bleiben, nur die Kälte seiner erfrorenen Seele.

Und was soll ich einen solchen Menschen trösten wollen. Er kennt den Trost nicht, brauchte ihn nicht sein ganzes Leben, warum soll ich ihm gewähren, was er nie verlangt hat.

Wie schmerzvoll muss diese Erkenntnis sein für Menschen, die sich stets geklammert haben an eine Welt der käuflichen Liebe.

Und feststellen müssen jene, dass es im Himmel keine Macht mehr gibt und keinen Ort des Ruhms. Es gibt den Himmel nicht für Sieger, die die Besiegten zurückließen, es gibt den Himmel nicht für die machtvollen Worte, die keinen Trost sprachen ihr Leben lang.

Nein, ganz so stimmt es nicht. Es gibt den Himmel wohl auch für sie. Aber sie können dort nicht erwarten, was sie hier nicht gelebt haben. So bleibt ihnen das Elend der Erkenntnis. Der Blick in den Spiegel, der jetzt so ehrlich sein wird wie nie.

Welch törichtes Erwachen, wenn geschrieben steht, jener würde Abraham bitten, ihm Lazarus zu schicken, den er getröstet sah, er möge wenigstens die Spitzen seines Fingers ins Wasser tauchen und ihm in seinem Elend nun die Zunge kühlen.

So, als ließe sich auch der Himmel erkaufen, und der Elende müsse ihm, dem Elenden, nun zu Diensten sein, wie er es zu Lebzeiten schon war.

Und Lazarus sprach zu ihm, verstehst du nicht, Gott möchte trösten im Tode und von dir, dass du dein Leben erkennst. Aber es gibt keinen irdischen Trost in der Ewigkeit und du kannst dir auch die leiseste Linderung nicht mehr erkaufen.

Ich glaube ernst, dass Gott sie gewähren kann, aber wir können sie nicht mehr erwirken.

Du stirbst mit deinem Leben hinein in die Ewigkeit. Und die erkaufte Welt bleibt zurück. Wenn nichts war, wirklich nichts, was bringst du dann mit.

Und als er erkannte, schrie er auf: Dann schick ihn zu meinen Brüdern, lass sie mein Elend erkennen und ihr Leben verändern. Doch sprach: Sie haben Mose und die Propheten. Sie werden erst glauben, sprach's, wenn sie einen von den Toten zurückkommen sehen. Und er sprach: Wenn sie auf Mose und die Propheten nicht hören, so lassen sie sich auch nicht überzeugen, wenn einer von den Toten aufersteht.

Und so geschieht es bis heute. Es kehren Menschen in den Himmel ein, die nichts mitbringen aus ihrem Leben, was für die Ewigkeit taugt. Wie Elend wird mir bei dem Gedanken. Es gibt ihn also, den Himmel der verzweifelten Seelen, die erst im Tode bemerken, was sie im Leben versäumt haben. Und es sind nicht allein die Reichen, die ihr ganzes Leben darauf aus waren zu besitzen. Es sind auch jene, die irdische Macht verwechselten mit göttlichem Erbarmen. Es sind die haltlos Schönen, die keine Falte gelebten Lebens ertrugen.

Wer im Leben nur sich selbst sah, wen soll er in der Ewigkeit erblicken? Der kann nur im Spiegel des Todes versuchen zu erkennen, und hoffen kann er, dass Gott sich seiner erbarmt.

Und ja, es wird die Lieder noch geben, die wir gemeinsam gesungen, und die Gefühle, die wir einander schenkten. Bei den Worten bin ich mir nicht sicher. Und laufen, ich weiß nicht, du wirst ja überall da sein.

Und ja, deine Hände zu spüren vermag ich auch in Ewigkeit und die Liebe, die wir dabei empfanden. Und es wird sein, wie wir es immer geglaubt haben, du und ich, geborgen in Abrahams Schoß.

Traurig, dass es dazu der Ewigkeit bedurfte, für Menschen wie Lazarus … und Joachim und Gertrud und Helene und und und und …

Und ich habe die Bitte, Vater, erbarme dich unser.

Warum so harte Worte

Lk 17,20–37

Weil sie es so möglicherweise besser verstehen, sagte er leise. Ich hatte ihn am Abend gefragt, unter Tränen hatte ich ihn gefragt, warum er immer häufiger zu so radikalen Worten greifen würde. Ich verstand ihn in solchen Momenten nicht. Warum so harte Worte, sie passen nicht zu dir, sie passen nicht zu deiner Botschaft. Warum bist du so ungeduldig geworden? Sag es mir.

Weil mir die Zeit in den Händen zerrinnt. Weil die Zeit bald vorüber ist. Und nichts haben sie begriffen.

Die Sintflut haben sie verstanden. Als Noah mit den Seinen das Boot bestieg. Und Gott das Leben rettete, haben sie das verstanden? Dass Menschen zu Salzsäulen erstarren, das ist ihre Sprache. Dass Gott die Spreu vom Weizen trennt, fürchten sie und darum beten sie.

Sie wollen diese Welt immer aufgeteilt haben in Gut und Böse, in Gerecht und Ungerecht, in Dazugehörig und in Abständig. Sie wollen Gott berechenbar und sich selbst.

Lass dir erklären. Als Mose sich seinem Volk entfremdet hatte, oder besser, sein Volk sich ihm und seinem Gott entfremdet hatte, stand die Frage im Raum wie heute: Wo ist Gott? Erfahrbar sollte er sein und sichtbar, vor allem aber sollte er handhabbar sein.

Alle anderen Götter waren es. Groß und mächtig und immer anbetbar. Mächtige Statuen zeugten von seiner Gegenwart und von mächtigen Menschen wurde er vertreten. Immer erschien er als ein Gegenüber der Menschen. Und nichts war ihnen schaurig lieber als seine Weisungen in Stein gemeißelt. Du sollst, du sollst nicht. Das ist ihre Sprache, die sie verstehen. Sie wollen Gesetze, an die sie sich halten können, und bestrafen wollen sie diejenigen, die sie übertreten.

Erinnerst du dich an jenen Jüngling, den ich fortschickte vor wenigen Wochen. Zu mir sprach er genauso. Alle Vorschriften des Gesetzes habe ich befolgt, sprach er, jetzt sag mir, was soll ich noch tun? Immer geht es ihnen ums Tun und Machen.

Also gab ich ihnen ihre eigene Sprache. Dann möge auch der Menschensohn in ihr Leben hereinbrechen.

Und es wird sein, wie es in den Tagen des Lot geschehen ist: Sie aßen, tranken, kauften, verkauften, pflanzten, bauten. An dem Tag aber, da Lot von Sodom auszog, schüttete es Feuer und Schwefel vom Himmel und richtete alle zugrunde.

Lange schwiegen beide, Maria und er sahen sich an, erst traurig, dann liebevoll. Bist du jetzt fertig, fragte Maria, hast du dich jetzt genug ausgetobt und deinen Zorn besänftigt. Wieder Schweigen.

Ach, Maria, du hast ja Recht. Sie haben ja nicht einmal diese Sprache verstanden. Am Ende fragten sie wieder: Wo ist er und wann wird es geschehen? Und meinen Zynismus, glaubst du, sie haben ihn gespürt? Wo der Leichnam ist, dort werden auch die Geier sich sammeln.

Nein, sie haben dich nicht verstanden, ich glaube nicht.

Und sammelte seine Jünger um sich, drückte noch einmal liebevoll die Hand der Maria, lächelte ihr sanft zu und sprach: Meine Freunde, noch ist die Zeit nicht reif, aber bewahrt die Worte in euren Herzen: Wir leben in einer Zeit der Gesetze und die Menschen wollen sie befolgen. Sie wollen dienen einem Gott, der sie ihnen gegeben hat. Sie verstehen es nicht besser. Und all ihre Hoffnung setzen sie auf die Erfüllung der Gesetze. Einst waren es nur zehn. Heute sind es hunderte und es werden noch mehr werden.

Jahrhunderte werden sie damit verbringen, Gott durch das Gesetz zu definieren, so als könne er durch gute Tage bestochen werden. Sie kennen es nicht anders.

Und auch ich werde ein Opfer ihrer Gesetze werden und sie werden sich im Recht wissen, wenn sie den Menschensohn morden.

Aber höret: Durch kein Gesetz ist der Mensch je besser, klüger oder weiser geworden. Das Reich Gottes ist kein Gesetz. Und es ist nicht hier oder dort, so als könnte man es greifen, suchen, besitzen.

Schlussendlich könnte man dann wieder darum kämpfen, es verehren, es verlieren.

Und machte es deutlich am Gesetz des Mose. Wenn ihr denn glaubt, etwas tun oder lassen zu sollen. Keinen anderen Gott verehren, weil es das Gesetz es euch sagt, nicht morden, nicht stehlen, keine fremde Frau besitzen, nur weil es ein Gesetz es euch sagt. Wahrlich ich sage euch, es bleibt euch alles äußerlich.

Es wird sein wie mit jenen Pharisäern, die sich die Hände wuschen und das Geschirr und meinten, sie seien rein.

Und sie werden euch vor die Gerichte zerren und fragen, was hast du getan, was hast du unterlassen? Sie werden zählen und abwägen dein Leben und sie werden freisprechen und verurteilen, je nach der Tat. Aber keiner wird fragen, wer du bist. Erst an jenem Tag, an dem sie dies begreifen, sind sie reif für meine Botschaft. Erst an dem Tag, da sie nicht mehr fragen: Was soll ich tun, sondern fragen: Wer darf ich sein, werden sie frei sein für meine Botschaft.

Denn das ist das Reich Gottes. Es ist die Freiheit zu sein, eine Erlaubnis zur Persönlichkeit.

Und sie werden sagen: Ich werde keine fremden Götter mehr neben dir haben, denn kein anderer Gott gewährt Freiheit, und sie werden es spüren innerlich und ihr Atem wird frei sein von Angst.

Sie werden sagen: Ich werde nicht morden, denn ich spüre das Reich Gottes wie eine Anleitung zur Menschlichkeit als Grundlage meines Lebens, nicht von außen verordnet, denn dann könnte die Ordnung auch Krieg und Zerstörung rufen. Nein, ich spüre in mir den Respekt vor dem Leben, auch den Respekt vor dem Hab und Gut meines Nachbarn, und ich spüre, wie frei mich ein Jawort macht, das ich zu einem Partner sprechen darf.

Es ist die Freiheit zu bleiben, die Erlaubnis zur Treue. Ja, erst wenn Treue Spaß macht, werden sie für möglich halten, was längst in ihnen ist.

Noch müssen sie es suchen und wollen es finden und auch ich sprach einst, es müsse wie Feuer vom Himmel fallen und ich wünschte, es würde schon brennen. Und es wäre angebrochen hier und dort mitten unter ihnen.

Doch einst werdet ihr Menschen der Menschlichkeit sein, gerecht und voller Güte. Dann werdet ihr nicht mehr suchen und ihr werdet nicht mehr sagen, was sollen wir tun. Ihr werdet sagen, wer dürfen wir sein.

An jenem Tag werdet ihr spüren, wie Gott und Mensch sich begegnen, und er wird euch kein Gegenüber mehr sein wie heute. Heute könnt ihr es hier und da erkennen, ersehnen, erhoffen und Gott ist euch gegenüber fremd und nah gleichzeitig. Einst werdet ihr ihn spüren, wie ich ihn heute schon spüre. Erschreckt nicht, wenn ich euch sage: Ich und der Vater sind eins, denn so wird es sein. Ich werde Sohn sein und Vater und Geist. Ich werde leben und schenken und anstiften das Leben. Ich werde Wort sein und Fleisch, Geist und Liebe, und alles wird eins sein. Und es wird das Leben selbst sein in euch.

Herz und Verstand werden eins sein. Lachen und Weinen wird sein. Zorn und Versöhnung, Leben und Tod werden sein wie Geschwister und reich wird deine arme Seele vor seinem Angesicht.

Sterben muss ich heute noch und wieder auferstehen in drei Tagen, bis ihr es versteht.

Bis das geschieht und weil es geschieht, wird eure Seele aufschreien vor Schmerz. Aber es wird geschehen, damit es nie wieder geschieht und für immer aus dieser Welt verbannt werde, was geschieht.

Denn bis dahin wird es sein wie in jener Nacht, da zwei auf einer Liege sind – der eine wird mitgenommen, der andere zurückgelassen. Es werden bis dahin zwei mahlen – die eine wird mitgenommen, die andere zurückgelassen. Zwei werden auf dem Acker sein – einer wird mitgenommen, der andere zurückgelassen.

Und weil es geschieht, einst in langer Zeit, werdet ihr nicht mehr fragen: Was hast du getan, was habe ich unterlassen? Und keiner mehr wird Richter des anderen sein oder sich selbst.

Und sie blickte ihn an und wusste, er würde gehen, bald schon.

Darum wird es gehen

Lk 18,31–34

Hast du wieder geträumt? Schweißgebadet war er in meinen Armen erwacht. Als habe er die ganze Nacht gekämpft im Schlaf, lag er jetzt erschöpft in meinem Schoß.

Mir war, als kämpfte ich mit Satan. Und er stand vor mir, vor langer Zeit: Ich schenke dir den Reichtum der Welt, alles wirst du dir erkaufen können. Dein Hunger wird auf ewig gestillt und niemals mehr sollst du den Durst nach Leben spüren. Und bist du der Sohn, der göttliche, so gebiete den Steinen, sie mögen sich wandeln zu Brot, das lebendig macht.

Und ich hörte mich sprechen im Traum, du kannst mich versuchen, aber versuche niemals den, der dich erhoben hat. Der Grund meines Lebens wird niemals Versuchung sein. Und sollte ich allein vom Brot leben, wer wäre ich vor Gottes Angesicht.

Und trug mich hinauf, zeigte mir alle Königtümer der bewohnten Welt in einem Augenblick. Und sprach zu mir: Dir gebe ich alle Vollmacht und ihre Herrlichkeit, denn mir ist sie übergeben. Und wem ich will, gebe ich sie. Wenn du dich nun tief vor mir verneigst, gehört dir alles.

Dies sprach er, damit ich mich der Angst in mir unterwerfe. Niemals würde ich mich beugen der Angst in mir, einzig dem Vater galt mein Leben, dies durchfuhr mich wie ein Blitz und veränderte mein Leben von Grund auf.

Doch noch war der Traum nicht zu Ende: Und brachte mich nach Jerusalem, stellte mich auf die Zinne des Heiligtums und sprach zu mir: Wenn du Sohn bist, so stürze dich da hinab. Und er wird Weisung geben seinen Engeln deinethalben, dich zu behüten.

Doch niemals mehr wollte ich den Vater bitten. Und niemals wollte ich ihn versuchen. Ich hörte mich schreien im Traum: Du bist wie die Priester heute, um die Menschen zu verführen, verdrehst du Gottes Wort. Du sprichst, wie die Alten geglaubt und gebetet haben, doch ich durchschaue dein grausames Werk. Du verdrehst Gottes Werk, bis die Worte dir dienen. Du versuchst den Menschen in göttlicher Sprache. Lass es dir sagen, ein für das andere Mal: Ich lasse mir Gott nicht zurechtbiegen, bis es deinem Willen entspricht.

Ich schlage dich mit Gottes Wort und Willen und werde nicht nachgeben. Du verdrehst mir Gott nicht mehr und ich lasse die Versuchung nicht zu.

In meinem Traum war er wie ein Mensch, nein wie ein Gott. Und ich stellte mir vor, wer er im Himmel war. Mächtig stand er vor dem himmlischen Gericht: Stets bezweifelte Satan die Gottesfurcht der Menschen. Sie kennen keinen Glauben und sind Gott nicht ergeben. Sie lassen sich kaufen, auch vom Göttlichen, immer, wenn es ihnen gut geht.

Einst schickte er ihn zu Ijob. Mit Plagen und Wunden sollte er ihn auf die Probe stellen. Und Satan tat, wie ihm geheißen, und ewig währte der Kampf, bis Gott ihn für sich entschied, so erzählen es die Alten.

Doch es ging um viel mehr: Weg mit den Anklageschriften, ein Ende des Verdachts. Alles steht bei dir unter Verdacht. Jeder Mangel ist Versäumnis, jeder Fehltritt Berechnung, jede Sünde unvergessene Schuld. Ein Makel für die Ewigkeit.

Wer kann vor dir bestehen, der Angst in mir? Du sitzt an den Pforten des Himmels und willst den Himmel rein halten von aller Menschlichkeit.

In Satans Augen, so hatten sie es uns beigebracht, kannst du nicht gut sein. In Satans Augen taugt dein Leben nicht für die Ewigkeit. So als könnte der Mensch den Himmel besudeln.

Und wie als könne er es nicht erwarten, verführte er den Menschen, noch bevor er gestorben war. Der Staatsanwalt wird zum Verführer, so wollten sie es uns glauben machen.

Maria, verstehst du? Damals schon habe ich es gespürt. Der Satan hatte keine Macht und keinen Platz im Himmel. Und glaube den Blödsinn nicht, er wäre auf die Erde gestürzt und triebe seither sein Unwesen hier bei uns. Er stürzte aus der Ewigkeit, verstehst du, er stürzt in Ewigkeit und fällt und fällt und keiner kann seinen Sturz aufhalten, auch die Erde nicht. Er stürzt in Ewigkeit. Und da seine Macht ein Ende gefunden hat im Himmel, besitzt er auch keine Macht mehr auf Erden.

Und dann erst, jetzt, da ich wach werde, durchfährt es mich wie ein Blitz, ja, ich sah noch mehr. Ich sah den Satan wie einen Blitz aus dem Himmel stürzen. Es war kein Kampf, nicht Gott gegen Satan. Jetzt erst werde ich es gewahr. Es sind unsere Gedanken, die Satan formten. Unsere Ängste, unsere dämonische Verzweiflung und unsere satanischen Fantasien haben ihn erschaffen. Das war der Grund, warum ich aufbrach damals, es ließ mich nicht mehr los, seit diesem Tag bin ich mir absolut sicher und das treibt mich an. Wir sind zur Freiheit befreit, das macht uns frei. Und die mich Fresser und Säufer nannten, haben nichts verstanden. Sie sehen nur äußerlich, aber wie konnte ich anders, als laut zu singen und unendliche Nähe und Heil zu bewirken in solcher Freiheit.

Noch Johannes hat den Satan gepredigt. Ich aber sage dir: Er hat niemals existiert, im Himmel nicht und nicht auf Erden. Er ist ein Produkt der Macht.

Davor, Maria, ängstigen sich die Mächtigen, denn auch ihre Macht ist zu Ende. Jedenfalls fehlt ihnen jegliches Recht. Es gibt keinen Grund mehr, dem Tempel zu opfern. Welches Gesetz willst du überschreiten, wo es kein Gesetz mehr gibt?

Nein, es wird nicht abgeschafft, kein Jota. Es wird erfüllt sein im Herzen der Menschen und bedarf der Klage nicht. Und kein Gericht in Gottes Namen darf sich auf Gott berufen. Es bedarf der Mittler nicht mehr zwischen Himmel und Erde. Ein Ende der Priesterherrschaft über die Menschen. Die Könige und Mächtigen stürzen von ihren Thronen und die Niedrigen werden erhört.

Und zusammenbrach das Gericht im Himmel. Wo es keinen Kläger mehr gibt, dort gibt es auch keine Klage. Und keiner erforscht mehr dein Leben, es dem Himmel zu verweigern.

Seit jener Zeit pilgern die verlorenen Seelen zu Gott. Suchen bei ihm, was ihnen verloren schien. Zutritt im Himmel für die Verlorenen, Vergebung der Sünden ohne Gericht.

Weißt du, was das bedeutet? Gott will keine Opfer mehr und keine Tränen bleiben in seinen Händen ohne Trost. Es gilt die Macht nicht im Himmel der Gerechten. Barmherzigkeit will er und keine Opfer. Und barmherzig ist er und hebt das Gericht auf.

Und lebendiges Brot schenkt er denen, die hungern, und Wein den Geschlagenen, ihre Wunden zu heilen. Es verschwindet der Aussatz und die Blinden schauen das Angesicht Gottes. Und Menschlichkeit kehrt heim in den Himmel. Gott schämt sich nicht seiner Geschöpfe.

Die Tore waren versperrt durch unsere bösen Gedanken. Es kam keiner mehr hinein, aber schlimmer noch, es kam auch kein göttlicher Gedanke mehr heraus. Die Menschen waren einsam auf der Erde, und Gott allein im Himmel. Das haben wir vollbracht im Namen der Macht von Menschen über Menschen. Wenn du so willst. Die Entmachtung der Angst wird auch Gott aus seinem einsamen Paradies befreien, in das wir ihn in unseren dunklen Gedanken verbannt hatten.

Ja, jetzt erst konnte ich es sehen. Es stand der Himmel offen und wie einer Taube gleich spürte ich Gottes Geist herabkommen über mein Haupt. Und da ich der Versuchung widerstand, spürte ich die Worte Gottes gesprochen über mein Leben: Dies ist mein geliebter Sohn, auf ihn sollt ihr hören.

Aber sie hörten nicht, nur wenige. Nicht Satan verführt die Welt. Es ist der Mensch, der sich selbst verführt und wegführt sich selbst aus Gottes Gegenwart.

Und also werde der Menschensohn den Völkern ausgeliefert werden, verhöhnt und gedemütigt und angespuckt. Und nach der Auspeitschung werden sie morden.

Jetzt wird sich der Mensch selbst zum Satan. Er klagt an, wer der Macht im Wege ist. Sie machen sich ihren Gott zu ihrem Vorteil. Und also bekämpfen sie den, der im Namen Gottes von Freiheit spricht.

Welch bittere Ironie der Geschichte. Der Vater steht mit offenen Armen bereit, die verlorenen Söhne und Töchter heimzuführen in das Reich des Friedens. Aber auf Erden werden sie noch immer verfolgt, so als habe sich der Himmel niemals geöffnet.

Der Einzug in Jerusalem

Lk 19,28–44

Bitte, geh nicht. Maria schrie und trommelte mit ihren Fäusten auf seine Brust. Bitte, geh nicht.

Sie sind zu mächtig. Du kannst dich nicht mit der ganzen Welt anlegen. Lass es genug sein. Du hast den Menschen so wunderbar neues Leben geschenkt. Jetzt teile es auch mit ihnen. Bleib bei mir, geh nicht.

Du hast von Liebe gesprochen, wo bleibt unsere Liebe. Ich will Kinder, schenk mir unsere Zukunft.

Was siehst du denn dort? Ist den Tempel einzureißen alles, was dir jetzt noch einfällt? Seine Steine werden dich erschlagen, sie werden brechen, aber sie werden dich zerbrechen.

Siehst du deine Jünger lachen und Lieder singen. Aber hörst du auch, was sie singen. Sie singen die Lieder der Sieger über ihre besiegten Völker. Sie verteilen die Plätze links und rechts neben dir. Sie wollen sitzen zur Rechten deiner Macht.

Bitte, geh nicht, hab ein Einsehen. Was ist mit der Treue, die du auch mir geschworen hast. Du kannst nicht die Liebe entfachen in meiner Brust und sie dann unter dem Kreuz sterben lassen. Denn nichts anderes wird dich dort erwarten. Sie besingen den Thron und werden ihn aufrichten auf Golgota.

Sie erwarten einen anderen. Hör ihre Lieder: Sie singen, wie einst der Engel gekündet hat: Ein Retter ward euch heute geboren – er ist der Messias, der Herr – in der Davids Stadt. Und der Engel Chor – eine himmlische Heerschar, die Gott lobte und sagte: Herrlichkeit Gottes: In den Höhen. Und auf Erden: Friede den Menschen seines Gefallens.

Wo aber sind die, die dem Herrn gefallen, hör auf meine Worte. Sie erwarten einen anderen. Sie wollen ihn auf einem Streitwagen aus dem Himmel fahren sehen. Als Anführer der Heerscharen, denen sie sich anschließen wollen. Mächtig wollen sie dich haben und sie werden dir den blutigen Thron Davids anbieten.

Lass uns gehen, noch ist Zeit. Du kannst die Welt nicht verändern. Sie sind noch nicht bereit.

Aber ich bin es! Und hörte nicht auf, ihre Hände zu Fäusten geballt auf seine Brust zu schleudern, bis ihr die Kraft ausging und sie weinend zu Boden sank.

Damals, als die Engel von ihnen zum Himmel weggegangen waren, sagten die Hirten zueinander: Gehen wir nach Betlehem hinüber und sehen dieses Wort, das Geschehnis, das der Herr uns kundgetan. Und sie gingen eilends: Fanden Maria und Josef und das Neugeborene, wie es im Futtertrog lag.

Die Hirten haben dich erkannt, in ihrem Elend. In ihrer Verzweiflung mochten sie sich klammern an ihre letzte Hoffnung. Aber spürst du hier Sehnsucht nach Frieden. Hier an diesem Ort. Hat sie je nach Frieden verlangt, die Davids Stadt.

Hier herrscht der Hass, und weißt du, was der Hass ist: Er ist die Sehnsucht, die längst gestorben ist. Hier wartet nicht Simeon auf dich, hier wartet der Tempel. Ja, ich weiß, du warst schon hier als Kind und als dich deine Mutter hinauftrug zum Tempel, zu opfern für dich ein paar Turteltauben oder zwei junge Tauben, da stand Simeon. Aber vergiss nicht, jener war gerecht und ehrfürchtig, ein Mann, auf dessen Haupt der Geist Gottes ruhte. Ein Mann, dem Tode nahe, konnte dich erkennen. Weil er schon halb bei Gott war, spürte er Gottes Nähe in dir, seinem Kind. Bitte, geh nicht, dort ist keiner mit Gottes Geist und das Zelt Gottes leer.

Erinnere dich, Maria. Wie er einst sprach: Nun lässt du deinen Knecht, Gebieter, nach deinem Wort in Frieden. Denn meine Augen haben dein rettendes Tun gesehen, das du bereitet hast vor aller Volksstämme Angesicht. Enthüllendes Licht: den Völkern. Und Herrlichkeit: deinem Volk Israel.

Und er sprach damals schon davon, dass dir ein Schwert durch die Seele treiben wird. Auch er sah schon den Tod und doch sprach er davon, dass es einen Aufstand geben wird vom Tod.

Bitter umklammerte sie seine Füße, so als wollte sie sich für immer an ihn binden. Dort ist keiner von denen, die deine Hand gespürt haben. Die Lahmen sind heimgegangen. Sie sind dankbar, aber sie werden nicht für dich streiten. Die Blinden sehen, aber sie werden dir nicht folgen. Wo sind die Fünftausend, die du gespeist hast. Keiner ist dir gefolgt.

Ich werde dir folgen, bin ich dir nicht genug. Ich werde unseren Kindern deine Gleichnisse erzählen, ich werde ihnen deine Liebe ins Herz pflanzen. Es herrschte Jahrtausende lang der Krieg in der Davids Stadt.

Und nur ein Schwert besitzt du in der Hand des Petrus, und wie ich dich kenne, wirst du auch dies verbieten.

Maria, ich werde es dir jetzt sagen und ich werde es dir noch einmal sagen, aber bitte, lass mich jetzt gehen.

Und befahl seinen Jüngern, zweien von ihnen und sprach: Geht in das Dorf gegenüber. Wenn ihr hineinkommt, findet ihr ein Füllen angebunden, auf dem noch nie einer der Menschen gesessen. Macht es los und führt es her. Und als sie es gebracht hatten, warfen sie ihre Obergewänder auf das Füllen und hoben ihn hinauf.

Und fiel sein Blick auf jene zwei Jünger, die einst gestritten hatten. Während sie ihm folgten, unterhielten sie sich, wer wohl links und rechts neben ihm sitzen dürfte, wenn er einst den Thron bestiegen habe. Und wie ins Mark getroffen, als sie einander anblickten, wurde ihnen gewahr, was er damals sprach. Es ist nicht an euch, Zeit und Stunde zu wissen und die Plätze zu meiner Rechten und zu meiner Linken habe ich nicht zu vergeben. Also schweigt und folgt mir.

Als sie das Volk singen hörten wie einst die Hirten, wurden sie still, die Jünger, wie sie einhergingen hinter ihm, sitzend auf einem Füllen.

Und doch, als er nahte, schon am Abstieg des Ölbergs, begannen auch sie, voll Freude Gott mit gewaltiger Stimme zu loben: Gepriesen, der kommt, der König, im Namen des Herrn. Im Himmel: Friede. Und Herrlichkeit: in den Höhen.

Doch die voll Hoffnung waren unter ihnen und ausgezogen waren aus der Heiligen Stadt. Jene, die von Herzen Veränderung sich ersehnten in der Stadt Davids, gleich denen, die nur schaulustig waren, und jenen, die ihn in Zeit und Ewigkeit bekämpfen würden, sie alle sahen ihn auf einem Füllen reiten.

Da kam kein König, das war nicht der Messias, das soll der sein, der David gleich regieren würde. Rom würde nicht erzittern und die Priester im Tempel lachten ihm entgegen.

Schon jetzt begann es, wie es immer war. Er spaltete die Hoffenden, beschämte ihre Sehnsucht, und in die Gesänge hinein regierte die Angst. Es widersprach jeder Erfahrung und Umsturz geht anders.

Aber deshalb war er nicht gekommen. Noch einmal wollte er zeigen, wie Gottes Friede regiert. Gott regiert nicht hoch zu Ross, und die Streitwagen waren die Erfindung der Priester, die längst mit den Mitteln der Welt in Gottes Namen regierten.

Ein letztes Mal ein Zeichen. Gottes Friede kommt wehrlos. Und kein Schwert bedarf es, einen Menschen zu retten.

Ob auch sie sich berühren ließen von seinen Händen, von seinen Worten, von seinem Geist. Es geschah immer, wo Menschen ihm glaubten. Immer da, wo ein Herz sich öffnete hin zu seiner Botschaft. Immer da, wo ein Mensch schrie nach Erbarmen, dort wurde es ihm auch zuteil.

Aber hier schrie keiner um Erbarmen, und die Blinden hielten sich für sehend. Und einer trat aus der Menge und sprach: Lehrer, herrsche deine Jünger an, sie mögen schweigen und diesem Popanz hier ein Ende machen.

Und wurde wütend und rief: Wenn diese hier schweigen, werden die Steine schreien.

Die Tempelreinigung

Lk 19,45–46

Euer Gott stinkt zum Himmel. Das hatte er gesagt, als er am Ölberg angekommen zum ersten Mal den Tempel sah. Noch hoch im Norden an der Jordanquelle sprach er von lebendigem Wasser. Hier nicht mehr, und jeder konnte es sehen. Zwar war der Tempel in hoch aufragendem weißem Kalkstein gebaut, so glatt poliert, dass man ihn für Marmor halten konnte. Fünfzig Meter aufragende Demonstration der Macht. Wenn man sich über die vierundsechzig Meter breiten Treppen dem Tempel näherte, das Tor zum Tempelberg unterirdisch durchschritten hatte, mussten die Pilger sich die Augen zuhalten, so strahlend weiß und blendend schön erstrahlte der Tempel.

Blendend, sagte er, es ist eine einzige Blendung, der Tempel. Und haltet euch nicht nur die Hände vor die Augen, verdeckt auch die Nasen, denn ekelerregend stank es vom Tempel aus. Tausende von Schlachttieren, Ziegen, Schafen, Ochsen und Tauben wurden geschlachtet und auf dem vier Meter hohen und fünfzehn Quadratmeter messenden Brandopferaltar dargebracht.

Überall stank es nach verschmortem Fleisch, das Geschrei der Tiere war jämmerlich und beißend der Gestank. Blut floss aus dem Altar.

Ihr hättet es sehen, riechen, schmecken müssen, welch großes Blendwerk hier betrieben wurde.

Ist Gott ein Prahler, dessen Wohnstätte so edel und voller Prunk von seiner Größe zeugen musste. Und der Mensch darunter so klein, dass selbst die Größten sich niedrig vorkamen angesichts seiner Größe. Vor allem aber, welch grandiose Bestechung lag hier vor.

Ist Gott ein Gott, der sich durch Opfergaben milde stimmen lässt? Welches Verbrechen kostet eine Taube, welches eine Ziege und wie viele Ochsen braucht es, um den Mord zu sühnen an deinem Vater?

Im Süden befand sich die königliche Säulenhalle. Ein gigantisches Bauwerk. Hundertzweiundsechzig gewaltige Säulen standen dort. Jede Säule mit einem Umfang von acht Metern und jede fünfzehn Meter hoch.

Hier kam der Hohe Rat zusammen. Der Hohe Priester allen voran hielt Gericht über Israel. Hier ward in Stein gehauen, was einst das himmlische Gericht sein würde: mächtig, gewaltig, tödlich.

Hier im Bereich des Gerichtes wurden, konsequent im Denken, die Opfertiere auch verkauft. Das war nicht nur praktisch für jene, die von weit her pilgerten, es war auch die vollendete Geschäftsidee, mit Gottesfurcht Geld zu machen.

Hier standen die Wechselstuben, hier wurde die Tempelsteuer entrichtet. Der Tempel hatte seine eigene Währung. Beim Umtausch machten die Geldwechsler ihren ersten Gewinn. Die Priester ließen die gewähren, die mit Gott Wucher trieben, denn sie trieben es nicht schlechter mit der Platzsteuer, die sie entrichteten auf jeden Tisch.

An dieser Ecke des Tempels herrschte ständig Lärm. Die Schafe blökten, die Stiere brüllten, die Händler feilschten mit den Pilgern um die Preise.

Das also war Gottes heilige Wohnung. Sie befand sich unmittelbar hinter dem Brandopferaltar. Fein säuberlich getrennt: Erst kam der Vorhof der Heiden, dann der Vorhof der Frauen, dann derjenige für die Israeliten und die Priester.

Auf einhundertvierundvierzig Quadratmetern wurde eine Welt zelebriert, in der er das Zelt Gottes unter den Menschen gesucht hatte, erhofft, erfleht das Heilige.

Übrigens, das Allerheiligste war leer. Wo einst die Bundeslade stand, befand sich nur noch ein Stein. Auf diesem brachte der Hohe Priester einmal im Jahr, am großen Versöhnungstag, das Rauchopfer dar.

Eine leere Wohnung, Gottes Sinnbild ein Stein und alles Schall und Rauch. Ein riesiger Vorhang verbarg die Schande.

Und das also waren sie, die heiligen Aufgaben der Priester: Räucherwerk anzünden, Tiere abschlachten und auf Gottes Altar darbringen zur Vergebung der Sünden. Geräte reinigen, Gebäude instandsetzen, Aufsicht führen, Tore bewachen, Tempelschätze mehren und bewachen, Opfertiere bereithalten und sich an ihnen bereichern, Leuchter mit Öl versorgen, backen von Schaubroten, die Wasserversorgung sichern, herstellen von Gewändern, Bereitstellung von Lehrern, Prüfer der Opfertiere.

Am Versöhnungstag allein waren fünfhundert Priester anwesend und mehrere hunderttausend Menschen ließen sich übers Ohr hauen, jedes Jahr neu. Ein ganzes Volk wurde gekauft, und verkauft ihre Seele.

Und wie zum Hohn zog jeden Morgen und Abend einer der Priester das Los und ward auserwählt, den Segen zu sprechen über Gottes Volk: Der Herr segne dich und behüte dich. Der Herr lasse sein Angesicht leuchten über dir und sei dir gnädig; der Herr erhebe sein Angesicht über dich und gebe dir Frieden. Und das Volk antwortete: Gepriesen sei der Gott Israels von Ewigkeit zu Ewigkeit.

Ich lobe mir Zacharias, der damals stumm blieb, als das Volk seinen Segen erwartete. Er konnte die Heuchelei nicht mehr ertragen und schwieg. Verzweifelte Tränen vergoss er in seinem Schweigen, bis er den Sohn erkannte.

Doch er konnte nicht mehr schweigen. Wollte nicht mehr schweigen.

So billig lasse ich Gott nicht verkaufen. Ihr Priester, Pharisäer und Schriftgelehrten meines Volkes. Ihr steht Gott nur im Wege. Ihr wollt ihn fassen in Gesetzen, die nicht von ihm sind. Ihr knechtet euer Volk unter ein Gesetz, das ihr erfunden habt. Ihr sagt, es steht geschrieben: Die Stätte, die der Herr, euer Gott, erwählen wird, seinen Namen dort wohnen zu lassen, dahin sollt ihr alles bringen, was ich euch gebiete: eure Brandopfertiere und eure Schlachtopfertiere, eure Zehnten und das Handerhebungsopfer und alle eure auserlesenen Gaben, die ihr dem Herrn gelobt habt.

Und ich schleudere euch entgegen, wie schon Jeremia zu euch gesprochen hat: Ihr häuft nur Brandopfer und Schlachtopfer und esst Opferfleisch. Ich aber habe euren Vätern, als ich sie aus Ägypten herausführte, davon nichts gesagt und nichts befohlen, was Brandopfer und Schlachtopfer betrifft. Vielmehr gab ich ihnen folgendes Gebot: Hört auf meine Stimme, dann will ich euer Gott sein und ihr sollt mein Volk sein.

Ihr habt nicht nur Menschen in eure Abhängigkeit gebracht, ihr Priester, ihr sperrt auch Gott aus den Herzen der Menschen aus. Alles ist euch nur äußerlich. Schuld kann man abwaschen in euren Augen, von Sünde sich freikaufen in eurer Religion.

Aber muss Gott vermittelt werden? Ihr steht ihm doch nur im Wege. Opferkult ist Bestechungsreligion.

Ich aber sage euch: Niemand verliert sich freiwillig. In tiefer Not suchen Menschen Gott in ihrem verzweifelten Herzen. Ihr habt aus ihrer Angst ein Geschäft gemacht. In eurer Lehre ist Vertrauen käuflich.

So aber erreicht ihr die Menschen nicht und der Schatten bleibt auf ihren Seelen wie tonnenschwerer Ballast ihres vertanen Lebens. Doch erst durch gelebtes ehrliches Vertrauen, das bedingungslos von Gott gewährt und vom Menschen empfunden wird, erwächst in ihm die Fähigkeit zu tun, was in eurer Sprache moralisch gut und treu ist.

Ausgestoßen bleiben die zurück, die Gott erretten will.

Und er betrat den Tempel von Süden her. Und wie von Sinnen schlug er um sich, warf Tische und Bänke um. Schlug die Händler in die Flucht und das Geld auf den Tischen mischte sich mit dem Blut der Tiere, das rann vom Altar der Sünde.

Hinweg von hier, schrie er, ihr habt aus der Wohnung Gottes eine Räuberhöhle gemacht, fort mit euch. Geschrieben aber steht: Und mein Haus wird ein Bethaus sein.

Hier wird gerechnet und aufgerechnet, gefeilscht und betrogen. Wo aber wird gebetet? Ihr gebt Geld und füllt die Posaunen, dreizehn an der Zahl, im Vorhof der Frauen, und wuchert und betrügt die geschundenen Seelen, hinfort mit euch.

Und es flohen die Heuchler aus dem Haus des Vaters.

Und er sprach: Siehe, meine Schafe hören auf meine Stimme, sprach es, während er sie lehrte, das furchtsame Volk in seiner Verzweiflung. Dies geschah danach im Osten des Tempels, dort, wo einst Salomos Tempel stand.

Und siehe, ich bin das Licht der Welt, leuchtendes Wort Gottes in den Herzen der Menschen.

Und jene, die Priester, der Hohe Rat und der Hohe Priester, berieten seinen Sturz, bereiteten seine Ermordung.

Die Frage nach der Auferstehung der Toten

Lk 20,27–40

Aber sie haben mich noch nicht umgebracht, sprach er zu Maria, ein zärtliches Lächeln war in seinen Augen, ein aufmunternder Augenaufschlag, seine Liebe in leisen Worten.

Merkst du nicht, wie sie dir Fallen stellen. Sie führen dich in Zwickmühlen, erst die Frage nach des Kaisers Steuern, den Angriff auf deine Vollmacht. Spürst du nicht, worauf sie hinauswollen. Buchstabe für Buchstabe wollen sie die Beweiskette gegen dich schließen. Niemand übertritt das Gesetz des Mose ungestraft.

Noch konnte ich ihnen antworten, Maria, ich schlug sie mit ihren eigenen Waffen und Worten. Es gibt kein Gesetz, das nicht durch ein anderes Gesetz auszuhebeln wäre.

Es macht dir auch noch Spaß, wie es scheint. Ich aber habe Angst um dich, ich habe Angst um uns. Und wem soll ich glauben, wenn es um die Frage des Todes geht. Ich will es wissen. Nicht für heute oder diese Tage. Ich will es wissen für später, wenn wir beide, alt geworden, sterben werden. Wer werden wir sein im Tode.

Maria, wir können nicht alt werden.

Es ist doch ein fürchterlicher Gedanke, dass wir beide jung geboren wären und dann eines Tages alt geworden sterben. Wofür das Ganze? Es tröstet mich auch nicht, wenn einige sagen, unsere Geburt wäre ein Geschenk Gottes. Wenn er es nur für wenige Jahre gibt und dann wieder nimmt, so soll er es gleich behalten. Ich will kein Geschenk sein, das eines Tages in die Ecke der Zeit geworfen wird, abgenutzt und zerbrochen am Ende der Tage. Viele glauben das.

Was unterschiede uns dann noch von einem Schilfrohr, das sich im Wind biegt und stolz ist, von den Stürmen der Zeit nicht gebrochen zu sein, wenn es am Ende dann doch geschnitten wird und auf dem Felde verdirbt.

Viele leben so und es wird ihnen zum Fluch. Weil sie wissen, dass das Leben ein Wettlauf mit der Zeit ist, rennen sie immer schneller und merken nicht, wie ihnen am Ende die Luft ausgeht und sie ins Stocken geraten.

Was bleibt, fragen sie. Und können nicht antworten, und so ist ihre Antwort allein die Zeit, die ihnen bleibt. Für die einen Mühsal und Plage, für die anderen ein Genuss ohne Unterlass. Während sich die einen von einem kleinen Tod in den großen schleppen, genießen die anderen das Leben, bis es ihnen ausgehaucht wird. Windhauch sind sie beide, die einen aus Last, die anderen mit Vergnügen.

Willst du zu ihnen gehören. Maria, nur noch wenige Tage und wir beide wären Staub der Zeit, zerfallene Träume, ausgeträumte Sehnsucht, vergebene Liebe.

Andere meinen, es sei ein einziges Ausruhen vom Leben, der Tod. Was wäre das für ein Zeugnis. So als wäre alles nur Last und auch das Vergnügen Beschwer. Jede Freundschaft würde zur Bürde und jeder Kampf nur ein Beleg für alle Vergeblichkeit. Ausruhen vom Leben sollen die Hoffnungslosen. Sie mögen sich ausruhen in ihren Gräbern, bis der Tod sie umfängt und gefangen hält in ihrem Schlaf. Dort gibt es keinen Trost.

Wieder andere meinen, es ginge immer so weiter. Heute hier, morgen dort, wo sie den Himmel vermuten. Alle Gesetze des Mose gelten auch dort. Warum sollten sie diesen Ort verlassen. Was hätte Gott sich dabei gedacht, wenn das Leben sich hier nicht unterschiede vom Leben in ihm und mit ihm. Und ist es das nicht jetzt schon: ein Leben in ihm, der ewig ist und unser Leben hier ein Teil der Ewigkeit.

Die einen mögen sich trösten in ihrer menschlichen Art, sich den Himmel zu denken. Sie freuen sich, jene wieder zu sehen, die sie hier verloren haben. Und ersehnen sich ein Wiedersehen.

Vielleicht ein Wiedersehen ohne die Wunden des Lebens. Eine Freude, die ungetrübt ist von den Verletzungen des Lebens. Ich kann dem viel abgewinnen. Und tatsächlich empfinde ich jedes Wort des Trostes, jede Berührung, die einen Menschen wieder heil gemacht hat, wie einen Vorgriff auf den Himmel.

Und doch ist es zu wenig.

Es ist mehr, als viele glauben. So viel steht fest, für mich jedenfalls, Maria. Es gibt kein Ende, sonst wollte ich nicht mehr an einen Gott glauben, der nur das Leben liebt, wie wir es kennen, und dann wäre nichts mehr. Warum sollte er uns erschaffen haben? Wir wären doch nur Spielzeuge auf Zeit.

Und da es keinen Sinn macht, dass der Tod ein einziger Ortswechsel wäre, und alles andere bliebe gleich, bleibt mir nur ein Gedanke.

Wir denken uns den Himmel viel zu menschlich und in unserer Hoffnungslosigkeit scheitern wir an der Grenze, die unser Verstand nicht überschreiten kann. Aber unser Herz kann weiter schauen, tiefer spüren, zärtlicher empfinden.

Ich lasse mir den Glauben an Gott nicht reduzieren auf Vergangenheit und Gegenwart. Derselbe Gott, aus dem ich geboren bin vor aller Zeit, schenkte mir mein Leben in dieser Zeit, und in jenem Augenblick, da es hinübergeht in eine Zukunft, die ich heute nicht beschreiten, nicht ahnen und noch nicht erspüren kann, wird mich Gottes Vergangenheit und Gegenwart auch begleiten in die Zukunft.

Es ist und war geschenkte Menschlichkeit, die wir hier auf Erden leben dürfen. Gottes Geschenk an uns ist unsere menschliche Natur, geschenkt in einen Lebensraum, den wir mit seinen Geschöpfen teilen dürfen. Es war nur ein Gedanke, ein Wort aus seinem Mund, für uns ist es unser ganzes Leben.

Und, Maria, davon bin ich überzeugt, es wird keinen Augenblick geben, den Gott nicht für wert hielte und der nicht taugen würde für die Ewigkeit.

Da wir einem göttlichen Wort entstammen, werden wir heimkehren in seine göttliche Gegenwart. Heute erkennen wir in Umrissen, wie in einem Spiegel, dann aber wird es sein, von Angesicht zu Angesicht.

Wer bist du, Maria. Ich meine, spürst du, wer du für mich bist. Spürst du in meinen Händen, dass ich dich ganz und gar meine, wenn ich dich berühre, spürst du bei jedem Gedanken meine Gegenwart. Du bedeutest mir so viel wie mein eigenes Leben, spürst du es.

Ja, ich spüre dich. Du bist in meinem Herzen und in meinen Gedanken, du bist bei mir, wenn es Tag ist, und in jeder Nacht spüre ich deine Gegenwart.

Weil du mich liebst, spürst du mich, und jeder Mensch in deinem Herzen ist unauslöschbar dein und du die seine. Du bist mehr als Schilf und Gedanke, wertvoller als Gold und alles, was wir zurücklassen werden, kommt die Zeit. Du bist das Leben und das Leben ist in dir.

Wir sind wie Kinder, die ihren Vater sehen. Siehe, so groß ist Gott, er schenkte uns das Leben und achtet es bis zu dem Augenblick, da wir unsere Augen schließen, hebt er es empor.

So viel Liebe hat er uns erwiesen, dass wir schon heute seine Kinder sind. Es ist aber noch nicht offenbar, was wir sein werden. Wir dürfen aber wissen, heute schon, Maria, wenn es offenbar wird, werden wir ihm gleich sein, denn wir werden ihn sehen, wie er ist.

Ja, wir werden ihn sehen, aber werde ich dich noch erkennen. Darf ich dich noch spüren?

Suche die Liebe, die keinen Körper braucht, aber spürt, als lägen wir Seite an Seite und unsere Hände würden unsere Liebe streicheln. Erahne das Leben und es wäre getröstet, und jede Wunde wäre eine Wolke, die der Sonne weichen muss, sei es mit Blitz, Donner und Hagel.

Spüre den Westwind, wie er Regen bringt und doch nur deine Seele feucht erwärmt im Licht der Sonne, und spüre die Frucht des Lebens, die in dir geboren wird, und du ahnst den Himmel in dir.

Maria, ich werde deine Liebe erkennen im Himmel. Dich und deine Liebe. Das allein zählt.

Das Opfer der Witwe

Lk 20,45–47; 21,1–4

Maria, wenn sie dir einst ein Gewand anbieten, das dich von allen anderen unterscheiden wird, und sie werden es tun mit den Worten, du habest mich doch am besten gekannt und du solltest den Vorsitz bekommen im Kreis jener, die beten zu Gott, Maria, ich bitte dich, dann lehne es ab.

Sie lachte. Das werden sie sowieso nicht tun. Vorsitz bekommen immer nur die Männer, lachte sie.

Ich meine es ernst, Maria, dann eben dem Petrus oder Johannes, es spielt keine Rolle. Ich möchte nicht, dass einer an vorderster Stelle steht. Ich möchte in meiner Nachfolge keine Ämter haben.

Na, das hast du schon selbst verbockt. Du gabst Petrus die Schlüssel des Himmels. Wie soll er das denn anders verstehen, als dass du ihm den Vorzug vor allen anderen gegeben hast.

Das, Maria, wäre das größte Missverständnis. Ich gab ihm die Schlüssel nicht, dass er die vorderste Position einnimmt. Ich gab sie ihm, damit er als erstes dient.

Dann nimm sie ihm schnell wieder weg. Männer sind für Macht empfänglich und die wenigsten verstehen sie als Dienst.

Das kann ich nicht und will ich nicht. Ich nehme Geschenke nicht zurück. Was ich einmal gegeben habe aus tiefster Überzeugung und Liebe, kann nicht zurückgenommen werden.

Ich kann nur sagen, was ich sehe und zutiefst verabscheue: Habt acht, seht dort die Schriftgelehrten, schaut sie euch an. Sie gehen einher in Talaren und lassen sich grüßen auf den Marktplätzen. Sie nehmen sich die ersten Sitze in den Synagogen und die ersten Liegen bei den Gastmählern. Sie fressen den Witwen die Häuser leer und geben vor, lange für sie zu beten.

Ich glaube ja gar nicht, dass das alles schlechte Menschen sind. Ich glaube, dass Macht korrumpiert, jedenfalls mit hoher Wahrscheinlichkeit. Sie haben studiert, und ihnen wurde Macht übertragen, und sei es nur zu wachen über die Reinheit des Gesetzes.

Ich will nicht über alle gleich reden. Mit einem von ihm, Nikodemus, war ich schließlich befreundet. Aber der stellte Fragen. Er verstand seine Macht nicht absolut. Er wusste, was damit einhergehen muss. Er empfand Verantwortung für die ihm Anvertrauten. Von solchen rede ich nicht.

Ich rede von denen, die sich in der Macht zu Hause fühlen, um der Macht willen. Die ihre Religiosität zur Schau stellen und der Mensch dahinter nicht mehr zu entdecken ist.

Ist dir aufgefallen, dass jene nie Fehler machen, ich habe jedenfalls noch keinen von seinen Fehlern reden hören. Ich höre immer nur, wie sie Vorbild sind und Menschen ob ihrer Erscheinung schon ein schlechtes Gewissen bekommen.

Ich mache ständig Fehler und ich bin mir nicht zu schade, darüber zu reden. Wie oft habe ich den Sabbat gebrochen, ich habe es gar nicht mehr gezählt. Ich habe diese Fehler begangen, weil es einen Menschen gab, der mich gebraucht hat. Ich konnte nicht die bloße Einhaltung eines Gesetzes höher stellen als die Hilfsbedürftigkeit eines Menschen.

Ich schäme mich heute noch, wenn ich daran denke, an damals, als einer unter die Räuber kam. Kraftlos und in seinem Blut lag er am Wegesrand. Erinnere dich, da kam ein Priester vorbei und ein Levit. Beide hielten kurz an und gingen weiter. Das waren keine schlechten Menschen, Maria. Das waren Menschen, die ihre Pflicht taten, so steht es im Gesetz. Beide waren auf dem Weg in den Tempel. Beide mussten rein sein und durften das Blut eines Menschen nicht berühren, das hätte sie unrein gemacht, so steht es im Gesetz. Verstehst du, sie waren so voller Pflichtbewusstsein, dass sie lieber einen Menschen in seinem Elend liegen ließen, als ihre Pflicht zu verletzen. Ein Mann aus Samaria musste kommen, der von unserer ganzen Religion nichts verstand. Der hatte das Herz frei für Mitgefühl und versorgte die Wunden des Elenden. Mit Öl und Wein versorgte er seine Wunden und sein Reittier brachte ihn zu einem Wirt. Diesem gab er auch noch Geld, damit der ihn weiter versorge.

Maria, das ist meine Sorge. Ämter, Vorschriften und Gesetze, sie sind sicher alle einmal eingeführt worden, damit sie den Menschen dienen. Aber sie dienen nicht mehr, viele jedenfalls. Sie stehen der Barmherzigkeit allzu oft im Wege.

Und wenn sie sich paaren mit Hochmut und Eifer, wenn Selbstüberschätzung und Hoffart hinzukommen, ist es selbst mit dem Pflichtbewusstsein geschehen. Dann werden Menschen, die mit jenen zu tun bekommen, zum Spielball der Macht.

Ich sage ja nicht, dass man Leben nicht organisieren muss, dagegen habe ich nichts. Aber ich wehre mich mit allen Kräften dagegen, dass Menschen, aus welcher Motivation auch immer, sich zwischen Gott und einen Menschen stellen.

Ich habe noch keinen Sünder erlebt, dem man hätte sagen müssen, dass er gesündigt hat. Ein Mensch spürt, wenn er etwas falsch gemacht hat. Und lass ihn seine Sünde tragen vor Gott, so wie er es vermag, schweigend, weinend, schreiend, aber lass es ihn selbst tun. Menschen finden vor Gott immer die richtige Sprache. Weil Gott die Sprache eines ehrlichen Sünders immer verstehen wird. Und niemals darf ein Mensch mit dem Finger auf einen anderen Menschen zeigen. Vielleicht hat ihm Gott längst vergeben oder ihm zumindest Wege gezeigt, wie er Barmherzigkeit erlangen kann. Nein, keiner darf richten, Gott will versöhnen.

Maria, ich bin mir sicher, sie werden mich nach ihren Gesetzen richten. Aber sie werden mich nicht einer Straftat wegen richten, sie werden es tun im Namen Gottes. Sie werden Gottes Wort so auslegen, dass ihre Gesetze es ihnen gebieten werden. So schlau ist die Macht. Sie macht sich Gott zum Verbündeten, selbst wenn es um Mord und allein um den Erhalt der Macht gehen wird.

Und es wird immer so sein und bleiben, bis die Menschen einfach nicht mehr kommen werden. Denn durchschaubar ist sie, die Macht, allemal. Menschen werden ihre Angst überwinden müssen. Sie müssen ihre Scheu verlieren, selbst mit Gott zu reden. Und sie müssen sich frei genug fühlen, dies auch zu dürfen, zu leben ohne Angst und Scheu.

Meine Sorge ist, dass die besten von ihnen sich abwenden werden von jedem Glauben, weil sie ihn so erfahren haben, wie er allzu oft korrupt ist und machtgierig. Dann sage ihnen, du habest einen gekannt, der kannte den Vater besser als alle. Sage ihnen, dass Gott den Tempel nicht gewollt hat.

Und erzähl ihnen von jener Witwe, die wir heute sahen. Erinnerst du dich? Die Pharisäer und Schriftgelehrten gaben ihr Opfer mit großer Hand und achteten gut darauf, dass jeder es sehen konnte. Wollten sie helfen mit ihrer Gabe, ich bezweifle es. Ich glaube, sie wollten gesehen werden und gelobt und geachtet um ihrer guten Werke willen. Ich kann sie nicht ausstehen.

Jene Witwe kam leise, so als sollte sie niemand bemerken. Vielleicht war sie auch voller Scham, weil sie nur zwei Kleinmünzen geben konnte.

Wahrhaft, ich sage dir: Diese Witwe, die arme, sie hat mehr hineingeworfen als alle. Denn alle haben aus ihrem Überfluss etwas zu den Gaben geworfen. Sie aber hat aus ihrem Darben eingeworfen – alles, was sie zum Leben hatte. Sie ist Gottes geliebtes Kind – und ich? Wünschte, wir könnten es wieder sein.

Das Mahl

Lk 22,7–23

Für einen Augenblick verlassen wir Zeit und Raum. Lassen Maria in ihren Gedanken zurück. Ich, der ich diese Gedanken für euch schreibe, frage mich: Ob es im Himmel noch Sprache gibt? Und er und der Heilige Geist aus der Ewigkeit blicken auf jene Szene Abendmahl? In meinen Gedanken entsteht ein Dialog: Er und der Heilige Geist:

Irgendwann muss es doch einmal gesagt werden. Ich habe jetzt Jahrtausende lang geschwiegen. Freiheit, Freiheit, Freiheit. Heiliger Geist. Immer sprichst du von Freiheit. Und immer meinst du ihre Freiheit. Wir dürften sie nicht zwingen, sprach der Vater, ja, ich gebe ihm Recht. Heiliger Geist, warum hast du nie gehandelt? Nichts hast du selbst bewirkt, ja, es ist der Preis der Freiheit. Du bist immer da, immer bei ihnen.

Aber sprechen mussten sie schon selbst, und handeln auch: Was ihr in meinem Namen gebunden habt, das bleibt gebunden; was ihr gelöst habt, das bleibt gelöst. Darüber werde ich eines Tages ein neues Evangelium schreiben. Vielleicht werden sie es verstehen, wenn wir es ihnen einmal vor Augen führen werden.

Aber das tun wir doch: Es ist Krieg, wenn sie Krieg sagen. Es bleibt Traurigkeit, wenn keiner tröstet. Es wird Einsamkeit, wenn sie sich nicht als Gemeinschaft finden. Und es bleibt das alte Reich, wenn sie nicht am neuen bauen. Ich, der Heilige Geist, konnte doch immer nur bei ihnen sein, sie begleiten, sie ermutigen, ja sie befähigen. Tun, oder vielmehr leben, mussten sie es immer selbst. Ich habe ihnen das Leben nicht abgenommen – und wollte es auch nicht.

Und du weißt auch, dass sie es bis heute nicht verstanden haben. Es war für sie immer das Versagen des Heiligen Geistes, das Versagen Gottes und der Beweis für das Scheitern des Sohnes: Sie schieben es bis heute Gott in die Schuhe, dass die Welt den wahren Frieden nicht kennt, und haben von der ganzen Botschaft der Freiheit nichts verstanden. Nichts!

Selbst deinen Abschied von den Freunden deuten sie bis heute einseitig.

Ich weiß.

Vielleicht habe ich das damals falsch gemacht, falsch eingefädelt, falsch inszeniert. Ich weiß es nicht.

Sie wussten, dass der Abschied nahe war. Ich habe ihn inszeniert bis zum Schluss. Das Drehbuch war so simpel wie einleuchtend. Dachte ich! Orte und Szenen waren allesamt aus ihrem Glauben genommen. Weil sie sich erinnern sollten, wie alles zusammenhängt. Ich dachte: Knüpfe an ihre Geschichte an und gib ihnen die Chance, sie durch mich neu zu lesen.

Brot und Wein kannten sie. Es war das hastige Mahl des Auszugs, und ausziehen sollten sie. Es war das Mahl der Befreiung, und zu Freiheit wollte ich sie führen. Es war das Ende der Knechtschaft, das sie seit Jahrhunderten begingen. Und dass Gott sie befreit hatte, verehrten sie seit langer Zeit.

Aber diese Menschen bleiben immer bei der Verehrung stehen. Fühlen sich gut bei jeder Verbeugung, die sie vor Gott machen durften oder sollten. Aber sie verharren in Verehrung und Gebet, und keiner von uns wollte das, der Vater nicht, der Geist nicht und ich schon gar nicht, der Sohn will keine Verehrung. Und was nutzen die Gebete, in denen sie ihre Wünsche vor Gott tragen, wenn sie doch Gottes Willen nicht widerspiegeln. Ja, ich lehrte sie auch beten, sie haben es auswendig gelernt, doch sie haben es nicht verstanden: Gott, dein Wille geschehe. Daran sollten sie ihre Handlungen messen, an Gottes Willen, und nicht dem Ihrigen nachjagen, den sie für seinen hielten. Es muss ihnen doch aufgefallen sein, wie widersprüchlich ihr Beten ist. Es fällt ihnen nicht auf. Und ihre Gegner verlachen sie ob der Machtlosigkeit Gottes. Dabei ist nicht Gott machtlos, sondern die Menschen unfähig zu erkennen, weil sie immer nur sehen, was sie sehen wollen.

Ich sehe noch in Johannes' Augen, als ich das Brot brach an jenem letzten Abend. Wir lagen zu Tisch und ich nahm das Brot, dankte Gott, pries sein Erbarmen: Gepriesen bist du, Herr, unser Gott, Schöpfer der Welt. Du schenkst uns das Brot, Frucht der Erde und der menschlichen Arbeit. Mach, dass es uns zum Brot des Lebens werde, gepriesen bist du, Herr, unser Gott.

Und Johannes weinte, denn er spürte in seiner Liebe, es würde das letzte Mahl sein, das letzte Mal.

Und ich nahm den Kelch mit Wein, sprach das Dankgebet und sprach: Gepriesen bist du, Herr, unser Gott, Schöpfer der Welt. Du schenkst uns den Wein, Frucht der Erde und der menschlichen Arbeit. Mach diesen Kelch zum Kelch des Heiles für uns alle.

Und jede Freude wich aus dem Gesicht des Johannes. Denn in seiner Liebe spürte er, was hingegeben wird, ist Brot und Wein, doch es wird sein Leib sein, sein Blut. Und es wird in seiner Liebe bleiben bis heute. Seht, dies ist mein Leib, dies mein Blut, gegeben für das Leben der Welt.

Judas hörte nicht zu, er war mit seinen Gedanken bei wichtigeren Dingen. Er war nicht der Theologe unter ihnen, er spürte nur die Zeit, die reif war und nach Veränderung schrie. Ja, auch er war bereit für das neue Reich. Und ich kann mir nicht helfen, ich spüre nicht den Verräter in ihm. Er ist der Drängler. Er wollte ihn zum Losschlagen drängen: Ja, sein Reich komme. Und muss ich ihn zwingen, so zwinge ich ihn: Verraten und verkauft sprechen unsere Priester. Nein, gepokert und verzockt, sage ich.

Du wolltest Gottes Sohn zur Gewalt verführen, welch gewaltiger Irrtum. Armer Judas, weil du das Leben erzwingen wolltest, hast du ihm Gewalt angetan.

Maria legte die Tücher zusammen, die er benutzt hatte, um ihnen die Füße zu waschen, während in seinen Freunden die Gewissheit reifte, sie würden an Großem teilhaben in diesen Tagen.

Dieses Tuch hat er benutzt. Dieses Tuch hat er gehalten. In ihm liegt der Schmutz von ihren Füßen, die er abgewaschen hatte.

Ruhig legte sie sanft die Tücher zusammen, während sie hinausgingen zum Ölberg. Er, um zu beten, sie, um zu schlafen. Welch merkwürdige Ironie der Geschichte: Er fand die Jünger schlafend, immer schon.

Fortan nahmen sie Brot in ihre Hände, nahmen den Kelch und besangen mit Liedern und Dank, mit Bitten und voller Erbarmen, ja, immer auch mit der Bitte um Gottes Segen, den Satz, der ihnen geblieben war, als alles vorüber schien: Brannte uns nicht das Herz, als er das Brot brach. Und meine Worte taten das Übrige: Tut dies zu meinem Gedächtnis.

Um des Himmels Willen: Ich meinte doch nicht das Brot, und nicht den Wein allein. Ich sprach nicht von Leib und Blut, das geopfert würde zur Vergebung der Sünden.

Brot und Wein, die Gemeinschaft am Tisch sollte Spiegel eurer Gemeinschaft und der Gemeinschaft mit mir sein. Eine Verbundenheit, die den Blick wach hält für die Not, aber auch für die Freude der Menschen.

Gemeinschaft haben wir erlebt, und eure Herzen seien das Zelt Gottes unter den Menschen.

Ihr müsstet es besser wissen. Als ich sprach: Tut dies zu meinem Gedächtnis, meinte ich das, was euch durch mich widerfuhr, bevor wir zu Tisch lagen. Ich meinte die Waschung der Füße. Bückt euch hinunter, wollte ich sagen, bis ihr zum Staub der Welt gelangt. Erniedrigt euch und wascht euren Freunden die Füße, werdet nicht müde, Sklavendienste zu tun im Namen der Freiheit. Aber das ist nichts Sklavisches und kein neuer Kult. Ich meinte: Heilt die verwundeten Seelen und lasst die aufblicken, die ihre Augen niedergeschlagen haben und deren Ohren taub wurden. Lasst die sprechen, die nie zu Wort kamen.

Begreift ihr meine Trauer. Ich wollte, dass ihr verkündigt und nicht plappert. Aber, um alles in der Welt, ich wollte keinen Gottesdienst für Gott. Gott braucht euren Kult nicht. Ich wollte, dass ihr Gottes Dienst an euch weiterführt. Und das nicht in gedrückter Haltung, sondern frei und von Herzen.

Ich wollte eine so umfängliche Liebe von Gott für euch Menschen und hatte die Hoffnung, dass ihr sie in mir erkennt. Gott liebt die Menschen so sehr, dass er mit ihnen leben will. Und ich habe unter euch gelebt und geliebt. Maria, du weißt wie sehr.

Und ja, ich hatte die Hoffnung, dass ihr heilend füreinander lebt: Tut dies zu meinem Gedächtnis.

Das war gemeint. Und ich habe die Hoffnung, dass ihr euch in Freiheit zu meinem Leben findet.

Wir verlassen den Himmel, die Ewigkeit, jenes Gespräch des Himmels und kehren zurück.

Die Stunde der Entscheidung

Lk 22,31–38

Sie waren vom Mahl aufgestanden. Verwirrt, irritiert, ein wenig ratlos folgten sie ihm schweigend.

Mächtig wie Dienende. Das sollten sie sein. Also ohnmächtig sprachen sie zueinander, angesichts der Menschen, die ihnen gegenübertraten. Ohnmächtig würden sie sein, hilflos, ausgeliefert, am Ende. War das das Ende? Sie verstanden es nicht.

Petrus, jetzt kommt deine größte Versuchung. Jetzt gilt es. Weißt du noch, wie alles begann, als ich dich am See traf wie die Freunde. Es war ein einziger inniger Blick, der dich vertrauen ließ. Ein Wort, aus meinem Herzen gesprochen, hat dich aufbrechen lassen.

Und als ich dich zum ersten Mal aussandte wie die anderen. Was gab ich dir mit auf den Weg? Keinen Geldbeutel, keine Vorratstasche, keinen Rückhalt, keine Versicherung, nichts. Hat dir etwas gefehlt? Nichts hat dir gefehlt. Und weißt du warum? Weil du voller Vertrauen warst. Überzeugt, das Richtige zu tun im Namen des Vaters. Nichts stand dir im Wege. Und voller Freude kamst du zurück.

Angenommen ward ihr, du und die Freunde, bei den Menschen, die elend waren wie ihr. Hoffnung gabt ihr den Hoffnungslosen.

Und heute. Voller Angst steht ihr vor mir. Brüchig euer Glaube, halbherzig eure Hoffnung, verschwunden eure Sehnsucht.

Ihr tragt eure Hände nicht mehr auf dem Herzen, ihr umgreift das Schwert. Also kämpft. Hol einer des anderen Schwert und kämpfe. Und fast wären sie bereit dazu. Nichts hättet ihr verstanden. Genug davon.

Vielleicht musst du durch dieses Tal, Petrus. Ich kann es dir nicht ersparen. Es ist deine Versuchung, wie einst ich versucht wurde. Und es wird deine Versuchung bleiben zu allen Zeiten.

Wird dich die Angst überkommen, überwältigt dich deine Schwachheit, wie das Korn wirst du gesiebt und weggeworfen die Spreu. Aber schieb es nicht auf einen anderen. Bemühe den Satan nicht, der nur in deiner Fantasie existiert. Deine eigene Verzweiflung wird dich zum Schwert greifen lassen. Deine Angst paart sich mit Aggression. Das macht dich gewaltbereit.

Wieder deine hochtrabenden Worte: mit mir an deiner Seite würdest du in den Kerker gehen, wärst bereit, in den Tod zu gehen. Es ist die Frage, ob du auch allein dazu bereit bist. Morgen werde ich meinen Tod sterben und du wirst dich verkriechen voller Angst, verleugnen wirst du, den du geglaubt hast.

Petrus, kehre zurück in das Leben, das du gekannt hast, und alles wäre vergebens gewesen. Das Gesetz wird siegen und eben das wird die Verlorenheit zurückbringen und meine Botschaft stirbt.

Schau, wo wir stehen: Hier stand einst Abschalom, der Sohn des David. An dieser Stelle wiederholte sich das Spiel der Jahrtausende. Der eine hielt den anderen für schwach. Und die Schwäche musste sich unterjochen lassen. Und wieder wurde es im Kampf entschieden und das Blut floss tausendfach. Noch siegte David, doch der Preis war der gemordete Sohn.

Es sind die Väter und die Söhne, die sich gegenseitig morden im Zeichen der Macht.

Und siehe, auch ich bin Sohn. Aber ich werde nicht kämpfen. Denn wieder würde der Vater siegen, aber es wäre der Vater des Gesetzes und der Bücher. Es würde siegen der Gott des Tempels und ihrer Priester. Es würde bejubelt der Gott des Kultes und der Schriftgelehrten.

Mein Vater, der wahre, er wird mich ans Kreuz geleiten und aufheben zum Leben wie einst Abrahams Sohn Isaak im Land Moria. Ihr aber, steckt eure Schwerter weg.

Maria war nicht dabei, als er diese Worte sprach. Sie war mit Johannes hinausgegangen in die Nacht. In der Kühle des Abends wollte sie Johannes trösten. Judas war aufgestanden während des Mahles und beide wussten, was nun geschehen würde. Er würde den Knechten des Tempels den Ort verraten und sie würden kommen, ihn festzunehmen.

Wird es Verrat sein, woran die Liebe stirbt, fragte Johannes. Hat nicht auch Judas ihn geliebt.

Er liebt ihn immer noch. Aber er will ihn herausfordern. Er will den Kampf. Er will ihn zwingen, seine Macht zu zeigen. Noch immer meinen die Freunde, man könne auf die Macht nur machtvoll antworten.

Was heute Nacht geschieht, geschieht wieder und wieder. Intrigen werden gesponnen, Verbündete gesucht. Mittel und Wege gewogen. Gewalt wird zum Mittel um des Friedens willen. Und legitimiert durch das, was sie Wahrheit nennen.

Judas ist hastig gegangen. Er konnte keinem mehr in die Augen sehen. Er meint, das Richtige zu tun. Aus seiner Position. Er wollte immer den Kampf. Er will den Friedensfürst durch Gewalt krönen. Welch irrer Gedanke.

Armer Judas. Du wirst keine Ruhe mehr finden in deinem noch jungen Leben. Und du wirst den Freispruch nicht annehmen können, den dir Gott anbieten wird. Du wirst elender sein als die Elenden, denn für dich wirst du dir selbst zum Urteil.

Und wir, Maria, was werden wir tun?

Wir werden bei ihm bleiben, was immer er tun wird. Wir werden zu ihm stehen, was immer ihm widerfahren wird. Wir werden ihm beistehen, wie schmerzhaft es immer sein wird.

Einst hat er es mir gesagt. Das Schwert wird sich bohren in mein Herz und es wird bluten mein Leben lang. Einst dachte auch ich, es wird das Schwert des Kampfes sein, das auch mich in der Schlacht treffen wird. Heute weiß ich es besser. Es wird das Schwert der Liebe sein, das mein Herz durchbohrt. Die Liebe, die nur zusehen kann, wie der Geliebte stirbt.

Die Liebe, die Verzweiflung schreien wird, und das Echo kann nur die ertragene Vergebung sein. An diesem Tag, an dem unsere Liebe und unser Selbstbewusstsein am Boden liegen wird, wird der Schmerz des Schwertes uns zum Tode oder zur Gottesfurcht und Vertrauen. Eines von beidem wird geschehen.

Die einen werden gehen, dorthin, woher sie gekommen sind. Und alles wird ihnen sein wie ein Traum, der vorüber ist. Die anderen wird der Schmerz zusammenführen zum Gebet und sie werden sich Kraft und Treue erbeten, bis sie der Geist aufrichten wird in seinem Namen.

Ihnen wird es anvertraut sein, seinen Weg fortan zu gehen. Er selbst wird nicht mehr sein, aber er wird mit ihnen sein. Schenke Gott die Kraft, dass wir zu jenen gehören werden, die diese Nacht überstehen.

Als sie zurückkehrten, Maria und Johannes, zu den anderen, zu ihm, kam er ihr entgegen. Er nahm sie zart in den Arm, zärtlicher hat er es nie getan, und sie ahnte, es würde das letzte Mal sein, dass sie einander berührten.

Er sprach nicht mehr, hielt sie nur eng bei sich. Tränen flossen über seine Wangen und sie spürte, er musste allein sein. Jetzt, da sie ihm so sehr ihre Nähe schenken wollte, musste er allein sein. Und ein letztes Mal küsste er sie inniglich, nahm ihre Hand in seine Hand, drückte sie sanft, streichelte ihre Hand und legte sie schweigend in die Hand des Johannes.

Dann ging er hinaus in die Nacht.

Das Gebet am Ölberg

Lk 22,39–46

Was hat er damit gemeint, Maria: Betet, dass ihr nicht in Versuchung kommt! Von welcher Versuchung spricht er.

Für ihn, Johannes, ist diese Welt an ihr Ende gekommen, die Art und Weise, wie wir leben, überholt.

Die größte Versuchung ist die innere Angst. Es ist leicht, zu lieben im Sonnenschein und in vertrauter Zweisamkeit des Gefühls. Was aber ist in der Krise? Was treibt uns um in Augenblicken der Dunkelheit? Angst lässt uns fliehen. Zurück in die Gewohnheit des Alltags, wie wir ihn früher kannten.

Aber was war früher? Wir waren Gehorsam im Glauben, einfältig im Gebet, genügsam im Befolgen fremder Gesetze. Erinnere dich, wie er uns lehrte zu beten. Er lehrte uns, dass wir einen Vater haben im Himmel. Nicht Gericht und Verderben. Er lehrte uns den Vater. Der Himmel und die Erde haben eine Familiengeschichte der Liebe.

Die sollten wir heilig halten. Nichts darf uns höher und tiefer sein als diese Beziehung. Und nicht diese Welt gilt es zu bewahren, in der der Mächtige tobt und die Elenden darben. Einzig, dass das Reich ein Reich der Versöhnung werde, mag unsere Zuversicht begründen.

Wie haben wir denn gelebt. Die einen strebten nach Besitz und Macht, die anderen flickten ihre Netze. Bei Nacht fuhren wir auf den See und fingen nichts in unserer Verzweiflung. Das karge Mahl am Lagerfeuer, ein paar Fische, die vielen Kinder, weder Zuversicht noch Visionen bestimmten unser Leben. Allein die Alltäglichkeit spiegelte uns eine Normalität vor, die doch nur Verlust war und Scheitern eines hingeworfenen Lebens.

Als er uns bat, die Netze an der richtigen Seite auszuwerfen, da folgten wir seinem Willen. Gegen alle Erfahrung und Vernunft fuhren wir bei Tag, warfen die Netze aus, wie er es uns geheißen hatte, und fingen den Fang unseres Lebens. Die Netze waren so übervoll, dass ein Mensch allein das Glück nicht fassen konnte, und wir zogen gemeinsam an Land, was uns reich machte.

Nicht die Fische waren der Reichtum, auf ihn gehört zu haben, war unser Glück. Und so betet er: Dein Wille geschehe. Und keinen Unterschied gibt es zwischen Himmel und Erde. Das möge diese Welt zum Ende bringen. Dass der Wille des Himmels auch hier auf Erden gelte.

Fische im Überfluss waren die Folge, wie von selbst bricht sich das tägliche Brot für Menschen der Versöhnung. Vergebung und Selbstachtung, ein barmherziges Herz. Darauf kommt es an.

Wenn wir das doch begreifen würden, dass wir als Erstes Bittende sind. Nicht huldvolle Vergebung als Erstes. Nein, die Bitte, dass mir selbst Vergebung zuteil werde, die Einsicht in unsere eigene Brüchigkeit und Verletzbarkeit macht uns bittend bereit, auch zu vergeben.

Diese Erde ist uns anvertraut, Johannes, sie gehört uns nicht. Es ist sein Reich, seine Kraft, seine Herrlichkeit.

Und genau diese Kraft scheint ihm zu fehlen, heute Nacht. Sieh, Maria, wie er zittert im Gebet. Schau, wie er schreit nach seinem Gott und Vater.

Nein, Johannes, er ist nicht gottverlassen. So tief und verbunden sind sie. Und niemand könnte sie trennen, den Sohn und den Vater. Er weint um Jerusalem. Beklagt das bittere Ende, das Jerusalem nehmen wird. Morgen stirbt der Sohn. Und fleht und ringt um sein Ende.

Ich kann ihn gut verstehen. Ich höre die Frage, in den Himmel gestellt. War alles umsonst? Lassen sich die Lahmen bekehren, aber die Reichen nicht. Können Blinde das Augenlicht erlangen, aber die Sehenden bleiben blind.

Aussätzige wurden rein unter seiner Hand, unter seinem Wort. Ein Augenblick der Berührung machte sie gesund. Aber die Gesunden spüren den Aussatz nicht, den sie verbreiten.

Darum weint er so bitter. Fremde, die unseren Gott nicht kennen, baten ihn um Hilfe: der Römer, die Frau mit ihrer Tochter aus dem Gebiet der Heiden. Sie kamen zu ihm und baten um Veränderung, um Heil und Leben. Die Gesetzesfrommen brauchen sein Heil nicht, das ist sein Kummer, sein Schmerz.

Seine Tränen fallen auf den zertrampelten Boden eines versteinerten Glaubens.

Willst du nicht gehen zu ihm, ihn zu trösten? In deiner Liebe hat er sich immer beruhigt und seine Seele schreit nach Nähe.

Wir haben uns gestern verabschiedet. Ich werde seine Seele nicht mehr beruhigen können und meine Nähe wird ihn schmerzen, mehr als er ertragen kann.

Ja, er ringt um seine Zukunft, mehr noch ringt er um die Zukunft von uns allen. Woher nimmt er nur die Kraft, diese Nacht zu durchstehen. Und wie ein Schrei durchhallt die Nacht der Schrei des Verzweifelten.

Mit wem spricht er, Maria?

Sei still, Johannes. Ich glaube, er betet. Er spricht mit dem Vater. Sei behutsam still, hör zu und schweig.

Oh, könnte ich den Vater hören wie er, Maria.

Du kannst es, Johannes, du kannst es.

Und lauschten dem Gebet, dem göttlichen.

Vater! Wenn du willst, führ diesen Becher vorüber.

Du hast alles gesagt mein Sohn, höre ich in meinem Herzen den Vater, alles getan, alles vollbracht.

Ich könnte dir dein Leben schenken, doch ich bitte dich, halte diese Nacht aus. Erinnere dich, du warst noch so jung und wolltest sie mit deinen Worten umstimmen, nein, einstimmen auf eine neue Welt. Gerade zwölf Jahre warst du alt, da hast du schon mit ihnen diskutiert. Und keiner hat dich verstanden, als du sagtest, du müsstest in dem sein, was deines Vaters ist.

Du warst in mir und ich war in dir. Das ist das Größte, was einem Menschen geschehen kann, dass Himmel und Erde eins wurden in deinen Gedanken und in deinem Leben.

Maria hat es gespürt, Johannes auch, Petrus will es verstehen, was nur zu spüren ist, und wird scheitern. Der Verstand ist viel zu nah an der streitenden Hand, nur das Herz kann die Nähe des Himmels tragen.

Und also lass mich unter Tränen beten, wie ich es die Meinen gelehrt habe. Ich will daran glauben und mich daran halten: Nicht mein Wille, sondern der deine geschehe.

Und es war, als wenn ein Engel vom Himmel kam, ihn zu stärken.

Vertraue deinem Vater, sprach der Engel. Auch er ist, wie du, tränenvoll und einsam in dieser Nacht. Was der Sohn spürt, spürt der Vater. Was du erleiden wirst, erleidet er. Und Todesangst kennt auch der Himmel.

Wenn das Vertrauen schwindet, stirbt der Himmel erst in dir, dann stirbt er selbst.

Und noch ausdauernder betete er. Und es wurde sein Schweiß wie Blutstropfen, die zur Erde fallen.

Johannes hielt die Hand der Maria, spürte, wie sie zitterte am ganzen Leib. Seine Tränen mischten sich mit den ihren. Und sie konnte sich nicht mehr auf den Füßen halten, kniete nieder wie er, der er vor seinem Vater kniete und weinte bitterlich.

Lange verharrten sie vor Gott, dem Vater, wie Kinder, die um Erbarmen flehten.

Wie oft hat er Menschen geheilt, die um Erbarmen schrien. Vielleicht würde sich der Himmel erbarmen und diese Nacht würde ihr Ende finden. Wie sehr wünschten sie sich dieses eine Wort des Erbarmens in dieser Nacht.

Dann endlich stand er auf vom Gebet, ging zu den Jüngern und fand sie eingeschlafen vor Trübsal.

Und er sprach zu ihnen: Was schlaft ihr? Steht auf und betet, dass ihr nicht in Versuchung kommt.

Sie aber verstanden kein einziges Wort.

Die Gefangennahme

Lk 22,47–53

Es war, als wäre alle Angst in ihm gewichen. Er stand wie ein Fels in der Brandung der Gewalt, furchtlos schien er, als die Angst hochkroch in die Glieder der Freunde.

Von Weitem waren sie zu hören. Noch bevor sie zu sehen waren, hörte man, wie die metallenen Schwerter auf ihre Rüstungen schlugen. Kettengerassel dröhnte vom Tal her hinauf auf den Hügel von Getsemani. Jerusalem schien noch zu schlafen, als sie kamen, die Jünger waren hellwach vor Entsetzen und trauten ihren Augen nicht.

Warum hat Judas ihn verraten? Ich, der ich diese Zeilen für euch bewahre, ich bin mir nicht sicher. Seine innere Zerrissenheit hat ihn eine Entscheidung fällen lassen. Sie ist tragisch. Und doch mag ich den Verrat nicht erkennen.

Er näherte sich ihm als Freund, küsste ihn, wie nur Freunde es tun. Mag sein, dass er ihn zwingen wollte zur Versöhnung. Sie sollten zusammenkommen, er und der Hohe Rat. Es konnte nicht sein, dass der Tempel nicht zu versöhnen wäre mit den Gedanken des Himmels. So sehr liebte er den Tempel und den Freund, dass er auf Eskalation gar nicht aus war.

Sicher, auch bei ihm war es eine Tat der Verzweiflung. So sehr ahnte auch er das Ende kommen, dass er sich nicht mehr anders zu helfen vermochte, als sie mit Gewalt zusammenzubringen, und muss man ihn deswegen abführen, vorführen. Er tat es als Freund.

Unbedingte Vergebung trifft die Unbarmherzigkeit des Gesetzes. Und sollte sich doch auflösen lassen, in einem Bruderkuss.

Verraten indes haben ihn andere. Wie als wollten sie das Heilige seines Lebens schützen, griffen sie zum Schwert. Hieben dem Knecht des Hohen Priesters ein Ohr ab.

Nichts, rein gar nichts haben sie verstanden. Die Motive mögen edel gewesen sein oder ihre Verzweiflung grenzenlos. Aber niemals lässt sich rechtfertigen, was damals geschah und bis heute geschieht. Im Namen Gottes zum Schwert zu greifen, macht alles, aber auch alles, für was er gelebt hatte, zunichte.

Bis heute tragen die Beschützer unserer Kirche das Schwert mit sich. Es ist das Schwert der Worte gegen die Sünde. Es ist das Dogma der Wahrheit gegen jede Reifung des Menschen und seine gebrochene Liebe. Es ist das Gesetz des Gehorsams gegen die Tugend des Erbarmens.

Krieg führte Petrus gegen Malchus, den Knecht, und Krieg führten Generationen gegen alles, was sich ihnen in den Weg stellte.

Dreinschlagen und erschlagen, das haben wir gelernt, nein, das mussten wir nicht lernen, das konnten wir Menschen und der Tempel immer schon. Nur dazugelernt haben wir nichts.

Sie traten vor die Knechte des Hohen Rates, so als ob er es ihnen erlaubt hätte. Mit Stärke und dem hoch erhobenen Haupt stellten sie sich vor den, der es ihnen aufs Äußerste verboten hatte.

Und er herrschte sie an: Lasst das! Nicht weiter!

Wie ein Wort durch die Jahrhunderte. Dröhnend höre ich es und es will nicht mehr verstummen: Lasst das! Nicht weiter! So als verblasste seine Botschaft schon in diesem Augenblick. Hier sah er die Botschaft sterben, nicht am Kreuz. In diesem Augenblick lag sie im Sterben. Sie stirbt, wo immer – und sei es, um ihn zu schützen – ein Mensch zum Schwert greift.

Kriege werden sie führen in seinem Namen, Völker unterjochen und die Seelen der Menschen rauben, sie zermalmen im Eifer ihrer Wahrheit. Sie werden perfekter sein als die Schriftgelehrten, Pharisäer und Priester, und grausamer werden sie den Tempel entweihen, den Gott bewohnen will, das menschliche Herz.

Und also nahm er das abgeschlagene Ohr des Malchus und tat, wie er immer getan hatte. Er berührte die Verwundung und sprach kein einziges Wort. Er konnte einst heilen, die verwundeten Herzen. Hier konnte er nur die äußere Wunde schließen und erreichte die Herzen nicht mehr, nicht das Herz des Malchus und auch nicht das des Petrus, der diese Wunde geschlagen.

Noch einmal sah er sie an, die Freunde von einst. Niemals Gewalt, sprach er leise, was auch immer geschieht, greift nie wieder zum Schwert, ich flehe euch an.

Bar nascha, sagte Maria leis, der Menschensohn. Ihn ergreifen sie, wie sie Menschen immer ergriffen haben. Sie legen ihm die Fesseln um die Hände. Weil sie sein Herz nicht zerstören können, werden sie seinen Leib zerschlagen.

Zu den gegen ihn herangerückten Hohepriestern, Befehlshabern der Tempelwehr und Ältesten aber sprach er: Wie gegen einen Bandenkrieger seid ihr mit Schwertern und Knüppeln ausgezogen. Tag um Tag war ich mit euch im Heiligtum und doch habt ihr die Hand nicht gegen mich ausgestreckt. Aber das ist eure Stunde und die Vollmacht der Finsternis.

Zurück blieb ein Mann im Garten Getsemani, den die Geschichte nicht kennt. Ich aber spüre ihn bis heute in meinem Herzen. Er sah zu, als sie ihn fortführten, sah den Petrus, der ihnen folgte von Weitem. Maria, wie sie in den Schoß des Johannes sank und eintauchte in die Nacht der verzweifelten Seelen.

Es wurde ruhig, wo eben Kampf und Bruderkuss den Weg bahnten, der den Verzweifelten bestimmt ist gleich dem Sohn, dem Gerechten.

Nikodemus würde nie mehr den Tempel betreten. Er konnte es nicht mehr. Alt geworden hatte er wie einst Zacharias seine Sprache verloren, jetzt in diesem Augenblick schwieg er und würde schweigen, bis er das Licht der Welt neu erblicken würde.

Lebendiges Wasser hatte er gepredigt und stürzt nun in den Tümpel abgestorbenen Wassers, von dem sich der Tempel nährt. Er sah das Feuer schon brennen, aber es war nicht das Feuer in den Herzen der Menschen. Er sah, wie das Schlachtopfer geführt wurde zum Altar der Schuld. Und er sah den Feigenbaum verdorren, im Garten daselbst. Und er hörte Gott schweigen zu alledem.

Und, als wäre es ein Gebet, betete er, wie einst seine Väter gebetet hatten:

Was ist der Mensch, dass du seiner gedenkst, und des Menschen Kind, dass du dich seiner annimmst.

Ja, Vater, nimm dich deines Sohnes an. Lass ihn nicht darben bei den Gefallenen.

Die betrübte Seele verflucht meine Worte, die ich nicht gesprochen habe, ihn zu erretten waren meine Hände nicht fähig.

Wo ist dein friedliches Heer, das aus den Wassern emporsteigt wie aus dem Tränenmeer der Entrechteten.

Wo ist der Menschensohn, der auf dem Streitwagen des Friedens einherbricht aus den Wolken des Himmels, uns zu erlösen aus unserer gefangenen Gegenwart.

Und doch, er ist da: wie einen Geschundenen schleppen sie ihn dahin: Er wird das Leid tragen auf seinem Herzen und den Balken werden sie fesseln auf seine Schultern. Er wird leiden müssen und verachtet werden.

Und nie würde ich blicken können in einen Spiegel, der all dies sichtbar machen würde. Die Schuld von uns allen.

Nikodemus, der die Sprache verloren hatte und seinen Frieden, blieb weinend in der Nacht. Heute würde kein Friede mehr einkehren, in einer solchen Nacht. Gott ward gefangen in dieser Nacht, abgeführt wie der Sohn.

Vor Gericht stand der Himmel. Und die Söhne der Erde waren mächtig wie die Söhne der Finsternis, die Dämonen haben obsiegt, nicht die jämmerlichen Zerrbilder eures Unglaubens.

Sie stehen in Person der Hohen Priester vor euch, die Schriftgelehrten und Pharisäer, die Dämonen der Erde gegen den Sohn des Himmels.

Die Verleugnung

Lk 22,54–62

Schau mich nicht so an, Maria. Nicht mit diesem stechenden Blick, nicht mit diesem Unterton in deinem Schweigen. Provoziere mich nicht mit deiner Nähe. Ja, es war an dieser Stelle, genau hier im Garten Getsemani.

Beide schwiegen. Maria schwieg vor Schmerz, Petrus vor Scham. Noch Jahre danach wird ihr Schweigen bleiben und seine Scham, über Jahrtausende wird er diesen Schatten in sich tragen. Es wird sein Los sein auf ewig, dass er ihn verleugnet hat.

Ja, ich bin eingeschlafen. Hier an dieser Stelle. Alle sind eingeschlafen. Wo warst du an diesem Abend, Maria.

Ich war bei ihm. Ich hielt sein Herz in meiner Seele, als er weinte. Trocknete seine Tränen in meinen Händen, als er aufschrie zum Vater.

Ihr habt den Schmerz nicht gesehen in seinem Gesicht. Ihr habt geschlafen, schrie sie. Und weggelaufen seid ihr, während sie ihn verschleppten und ich sein Gewand berührte und seinen Namen schrie hinüber zur Stadt und die Mauern erzitterten, weil sie die Liebe zerbrechen sahen und in den Staub getreten meine zarten Gedanken.

Du wolltest um ihn kämpfen, Petrus. Wie locker saß dein Schwert. Und wie vollmundig bist du ihm zur Seite gestanden, für einen Augenblick warst du stark. Hast du ihn nicht verstanden, als er dir das Kämpfen untersagt hat; da wollte er dich nicht als Freund verlieren. Kannst du nur Freund sein im Kampf und siegreich. Kannst du nur mit Worten zu ihm stehen, mit machtvollen Gesten.

Petrus, du Fels, an dem einst die Feinde zerschellen werden. Du bist und bleibst der Mann der großen Worte und verstehst ihn nicht im Mindesten. Was gibt es denn zu verteidigen mit deinem Schwert. Er wollte nicht die Mauern, er wollte die Herzen der Menschen erobern. Wie ein Häufchen Elend sah ich dich am Feuer sitzen, dort im Hof. Den Kopf zu Boden geneigt, die Kapuze deines Mantels bis weit übers Gesicht gezogen, so als wolltest du nicht erkannt werden.

Nein, ich wollte wirklich nicht erkannt werden. Bist du der Freund, hat sie mich gefragt, die Magd. Und ich sprach: Nein, ich bin sein Freund nicht und bin es nie gewesen.

Es war oben am Jordan. Als er uns dort hinaufführte, wo die Quellen entspringen, und uns fragte: Für wen halten mich die Leute, und wir waren wie im Rausch: Elia bist du, ein Prophet. Nein, noch ein größerer, redeten wir uns in Ekstase. Und als die Stimmung auf dem Höhepunkt war, stand ich auf: Du bist, sprach ich, du bist der Sohn des lebendigen Gottes. Und wie als wäre ein Blitz zu Boden gefahren, hielt er seine Hand gen Himmel und gebot zu schweigen. Nie wieder nimmst du dieses Wort in den Mund, herrschte er mich an, nie wieder.

Noch in dem Augenblick, als ich mein Schwert zog, in jener Stunde, da sie ihn gefangen nahmen, glaubte ich fest daran: Er war der Sohn des lebendigen Gottes und würde sich mächtig erweisen am Tag der Entscheidung, da war ich mir sicher, und deshalb trug ich es bei mir. Bis zum letzten Tag war ich bereit, gegen die zu kämpfen und die niederzuringen, die sich uns in den Weg stellten.

Bis heute hat Petrus sein Schwert nie aufgegeben. Bis heute steht er einer Kirche vor, die sich mit Blut besudelt und niedermäht, die sich ihr in den Weg stellen. Damals hat es begonnen, damals – als

Petrus zum Schweigen verdonnert zwar für einen Augenblick der Geschichte innehielt, aber sein Schwert nicht preisgab. Damals, als die Freunde hätten hören können, was sie stets vergaßen.

Maria war es, die seine Worte hörte, damals wie heute. Jeder Mensch, der sich zu Gottes Sohn erhob, hat sich überhöht, und grausam waren seine Gedanken, auch wenn sie von Heimat sprachen. Für die Söhne Gottes gab es immer nur Heimat für sich und die Ihren. Und stets folgte ihnen der Tod auf ihre Gedanken.

Er wollte immer sein der Menschensohn. Der Leidende um der Gerechtigkeit willen. Der, der die Schmerzen ertrug. Er war der Sohn der Tränen, der Bruder der Leiden und der Vater, der die Schmerzen trug.

Ja, noch bevor der Hahn krähte, da war mir so bitter klar in meinem Herzen: Ich war nicht sein Freund, ich bin es nie gewesen, und also sprach ich es aus: Frau, ich kenne ihn nicht. Und blickte tief und weinend, dieses eine Mal weinend zu Boden.

Und dann auf dem See. Ja, es war Nacht und der Wind war rau. Und ich saß am Ruder und hielt mich daran fest wie alle, die nach mir das Ruder hielten und sich festhielten an der Macht. Das Boot mochte kentern, ich würde festhalten und wenn es nur an der Macht wäre, würde ich mich halten. Ja, ich würde mich halten.

Sie alle schrien, die mit mir im Boot waren, und flehten um Erbarmen, ängstigten sich vor dem drohenden Untergang. Wie die Wellen das Boot auf- und niederdrückten und keiner mehr die Hand vor Augen sah und die Gischt uns zu betäuben drohte, hielt ich fest. Mögen alle beten und jammern, ich werde das Ruder nicht aus der Hand geben.

Als er mich rief in jener Stunde. Für einen Augenblick wollte auch ich glauben. Für einen kurzen Augenblick ließ ich das Ruder los. Mehr noch, ich ließ mich auf die Wogen ein und verließ die sicheren Planken und ließ mich auf den Sturm ein und den Wind; er würde mich erretten. Ja, ich kenne sie auch, die Augenblicke des Vertrauens. Nur währten sie bei mir nicht lange. Und wie ich mir der Gefahr bewusst wurde, versank ich vor seinen Augen. Und hätte er mich nicht gehalten, ich wäre ertrunken vor seinem Angesicht.

Ja, ich war bereit, für ihn zu kämpfen, ich war in der Lage, sein Boot zu steuern, auch in Sturm und Verzweiflung. Aber ich vertraute ihm nicht. Ich vertraute meiner Stärke immer mehr als seiner Liebe.

Und kurz darauf sah mich ein anderer und sagte: Auch du bist einer von ihnen! Ich aber sagte: Mensch, ich bin es nicht! Und meine Tränen fielen zu Boden, als ich mich erinnerte, wie der Freund einst fragte: Petrus, liebst du mich?

Ich verstand seine Frage nicht. Wie konnte er mich nach meiner Liebe fragen. War ich nicht immer bei ihm. Was wollte er mehr. Ich war immer in der ersten Reihe, hielt ihm den Rücken frei. Zerschlug die Bedenken, auch die der Freunde. Hielt von ihm fern die Massen, wenn es dunkel wurde. Und er fragt ein zweites Mal: Petrus, liebst du mich? Und anders konnte ich nicht antworten: Herr, du weißt, dass ich dich liebe.

Er gab mir die Schlüssel des Himmels und vertraut mir nicht. Das kann nicht sein. Was du auf Erden binden wirst, das ist gebunden, und wo dein Erbarmen die Schuld lösen wird, da ist sie gelöst. Diese Macht gabst du in meine Hände und fragst nach meiner Liebe ein drittes Mal. Herr, du weißt alles. Und also weißt du auch um meine Liebe.

Oh, Petrus, sprach Maria hinein in seine Nacht. Er fragte dich nach deiner Liebe und wollte doch nur von dir wissen, ob du die Seinen lieben wirst, wenn er einst gegangen ist. Er braucht dein Schwert nicht und deine Hand am Ruder verführt nur deine Gedanken und dein Herz. Einzig, ob du die Seinen liebst, wollte er wissen. Und obwohl er dich kannte, sprach er: Weide meine Schafe, beschütze meine Lämmer. Siehst du, so groß war er, er vertraute dir seine Herde an, obwohl er dich kannte.

Und so steht es geschrieben im Buch der Bücher:

Und siehe: im Abstand von etwa einer Stunde behauptete ein anderer steif und fest und sagte: Der Wahrheit gemäß, auch der war mit ihm; er ist auch ein Galiläer. Aber Petrus sprach: Mensch, ich weiß nicht, was du sagst. Und auf der Stelle, noch während er redete, krähte ein Hahn.

Und der Herr wandte sich um und blickte Petrus an. Und Petrus erinnerte sich: Ehe ein Hahn heute kräht, wirst du mich dreimal verleugnen.

Und er ging hinaus und weinte bitterlich.

Es war spät geworden, Maria saß schweigend neben ihm. Es war kein vorwurfsvolles Schweigen mehr, eher ein nachdenkliches, vertrautes Schweigen.

Er nahm die Schlüssel des Himmels von seinem Gürtel und legte sie in ihren Schoß. Nimm, sprach er, ich bin nicht wert, sie zu tragen. Nimm du sie, denn deine Liebe ist größer als die meine.

Lange lagen die Schlüssel in ihrem Schoß und sie betrachtete sie tränenvoll. Schließlich nahm sie sie und legte sie zurück in seine Hände.

Er gab sie dir, Petrus. Er gab sie dir. Sprach es, und ging hinaus in die Nacht.

Der Prozess

Lk 22,66–71; 23,1–25

Ich werde nicht hingehen, sagte Maria. Das ganze Volk ist zusammengeströmt, um dabei zu sein. Aber ich werde nicht hingehen.

Lass uns sein Gewand weben. Ein weißes Gewand soll es sein, ein Gewand aus Leinen. Schon einmal hat er es getragen, er wird es wieder tragen, heute schon, wenn der Vorhang im Tempel gerissen sein wird, werde ich ihn salben. Ich werde seine Haare kämmen und das Blut abwischen aus seinem Gesicht Dann werde ich ihm das Gewand anlegen und ihn in sein Grab legen. Sprach es, als wäre es längst geschehen.

Der Prozess hat doch erst begonnen. Warum hoffst du nicht bis zum Ende.

Weil er längst entschieden ist. Längst haben die Mächtigen ihr Urteil gesprochen. Sie taten es noch in der Nacht vor dem Prozess.

Verspottet und verhöhnt schlugen sie ihn. Forderten den Propheten und sahen doch nur den Mann, den sie quälen konnten. Quälen und bewachen, das war ihre Aufgabe und sie taten es lustvoll.

Wenn die Lust zu quälen die Oberhand gewonnen hat, müssen sie nicht mehr denken, sprach Maria. Sie schalten alles in sich aus. Jedes Gefühl, jede Regung, der Verstand und jedes Mitgefühl weicht ihrer bloßen Gewalt.

Weil er ist, was sie nie sein werden, quälen sie ihn. Sie machen klein, was er durch seine reine Natur infrage stellte.

Das Gelächter war in der ganzen Stadt zu hören. Es war wie ein Aufatmen der Verschworenen. Alle anderen haben sich zurückgezogen. Wir ja auch, sagte Maria, wir ja auch.

Die ganze Nacht hatten sie beraten, wie sie ihn zu Fall bringen könnten. Dabei war es so einfach. Sie würden ihn vorführen und die Massen damit verführen. Es spielte keine Rolle mehr, ihre Cleverness ward Nebensache.

Ob er nun verurteilt würde, weil er ein Aufrührer war gegen den Kaiser oder die Ordnung. Ob er die Steuern bezahlt oder zum Boykott aufgerufen hatte. Selbst ob er sich als König verstand, es spielte alles keine Rolle mehr.

Eben kam einer und berichtete, Pilatus wolle ihn freisprechen. Doch Maria wusste es besser.

Selbst Pilatus in all seiner Macht würde das Ende nicht verhindern können. Zu grausam sind die Fantasien der Priester. Pilatus spürte, dass dem Römischen Reich kein Schaden drohen würde von diesem Mann. Alles andere interessierte ihn nicht. Er wusch seine Hände in Unschuld. Doch auch er wurde zur Figur in ihrer Tragödie, die sie im Namen Gottes veranstalteten.

Zu Herodes hätte man ihn gebracht. Der wollte doch nur sein Amüsement. Irgendein Zauber, irgendeine Magie, das hätte ihm gefallen. Doch nichts dergleichen bot ihm der Mann, der da vor ihm stand.

Eine Dornenkrone hatten sie ihm ins Gesicht gedrückt. Und Blut rann seine Wangen herab und die Striemen der Schergen wurden sichtbar auf seinem weißen Obergewand, das sich mit dem Staub und dem Blut vermischte. Das Blut der Nacht. Einen Umhang aus rotem Purpur hatten sie ihm übergeworfen. So als verhöhnten sie noch, was sie nicht begreifen konnten.

Vielleicht dreht er den Prozess noch um. Vielleicht hat er sich schlagen lassen, um noch mächtiger zurückzuschlagen, sprach einer. Es war ein Fremder mit einer fremden Hoffnung.

Maria wusste es besser. Niemals würde er zurückschlagen. Und er würde sich nicht offenbaren als der, der er war. Er konnte es gar nicht. Wer den Sohn sehen wollte, der konnte ihn sehen. Aber sie wollten keinen Sohn sehen vom Vater, der ihnen das Geschäft mit den Seelen der Menschen verderben würde.

Sie würden ihre Theologie bemühen, um zu beweisen, dass nicht sein konnte, was ihnen zur Schande würde. Wer nur sich selbst im Blick hat, kann niemanden mehr erkennen, am Ende nicht einmal mehr sich selbst.

Was sollte er denn noch sagen. Würde er bekennen, dass er der wäre, den sie den Messias nennen, sie würden ihn deshalb erschlagen, weil keiner sich selbst zum Messias erheben durfte. Und wäre er es nicht und er würde es bekennen, dann hätte er in ihren Augen all das nicht tun dürfen, was er getan hat. Und wieder spräche er sich selbst das Urteil.

Und als sie ihn fragten, ob er der Sohn Gottes wäre, erinnerte sich Maria an jenen Abend, als er zu ihr sprach: Hebt den Sohn Gottes nicht zu hoch über euch. Und wartet nicht auf einen, der kommen wird, euch zu erlösen. Denn wie der Vater in mir ist und ich in ihm, so werdet auch ihr sein, Söhne und Töchter des einen Vaters. Wie ich und der Vater eins sind, so werdet ihr eins sein mit ihm. Und so wird es sein. Ein jeder von euch ist Sohn und Tochter des einen Vaters. Und der Heilige Geist schwebt über jedem Einzelnen von euch bei seiner Geburt.

Er sah den Himmel offen für das wohl größte Geschenk. Dass es keiner Mittler mehr bedurfte zwischen Gott und den Menschen. Und ein jeder Mensch freien Zugang hatte zum Herzen des Vaters, wie im Himmel so auf Erden.

Er würde ihnen nicht von der Gotteskindschaft aller Menschen sprechen. Selbst wenn sie es begreifen würden, sie würden vor allem schnell erfassen, zu was es führen würde. Gut möglich, es wäre eine ganze Menschheit zu versöhnen mit Gott, aber sie würden überflüssig. Sie, ihr billiges Gehabe, der Hohe Rat und der

Tempel, das Opfer und der Kult. Alles wäre überflüssig, was sie an der Macht hielt: die Angst der Menschen.

Und also konnte er den Prozess nicht gewinnen. Und beinahe wäre er frei gekommen, ganz gegen den Willen der Priester.

Sprach Pilatus: Und – da! Nichts, was des Todes wert ist, ist von ihm gemacht worden. Ich werde ihn also züchtigen und dann freilassen.

Er hatte aber die Verpflichtung, ihnen jeweils zum Fest einen freizulassen. Doch sie schrien allesamt auf und sagten: Weg mit ihm! Lass uns doch Barabbas frei! Der war wegen irgendeines Aufruhrs, den es in der Stadt gegeben hatte, und wegen Mordes in den Kerker geworfen worden.

Abermals redete Pilatus ihnen zu und war willens, ihn freizulassen.

Sie aber riefen lauthals und sagten: Kreuzige, kreuzige ihn! Ein drittes Mal sprach er zu ihnen: Was hat dieser denn Übles getan? Keine Todesschuld fand ich an ihm. Ich werde ihn also züchtigen und dann freilassen.

Doch mit gewaltigem Geschrei setzten sie ihm zu und forderten, dass er gekreuzigt werde. Und ihr Geschrei ward immer stärker.

So entschied Pilatus, dass ihre Forderung geschehe. Den wegen Aufruhr und Mord in den Kerker Geworfenen, den sie forderten, ließ er frei. Ihn aber lieferte er ihrem Willen aus.

So steht es geschrieben, so habe ich es erlebt und gefürchtet, so ist es gekommen, sprach Maria. Und webte ihr Tuch, das weiße aus Leinen, für ihn zu Ende.

Dann legte sie es zusammen mit dem Salböl in einen Korb. Sie würde seinen Körper salben, damit er am jüngsten Tag, wenn er erwacht, duften würde wie ein Gesalbter.

Sie würde ihm das Leintuch anlegen. Sie würde ein Tuch über sein Haupt legen. Und das Gebet sprechen:

Erhoben und geheiligt werde sein großer Name auf der Welt, die nach seinem Willen von ihm geschaffen wurde. Sein Reich erstehe in eurem Leben, in euren Tagen und im Leben des ganzen Hauses Israel, schnell und in nächster Zeit, sprecht: Amen! Sein großer Name sei gepriesen in Ewigkeit und Ewigkeit der Ewigkeit. Gepriesen und gerühmt, verherrlicht, erhoben, erhöht, gefeiert, hocherhoben und gepriesen sei der Name des Heiligen, gelobt sei er, hoch über jedem Lob und Gesang, jeder Verherrlichung und Trostverheißung, die je in der Welt gesprochen wurde, sprecht Amen. Fülle des Friedens und Leben möge vom Himmel herab uns und ganz Israel zuteilwerden, sprecht Amen. Der Frieden stiftet in seinen Himmelshöhen, er stiftet Frieden unter uns und ganz Israel, sprecht Amen.

Es war das Gebet, das ganz Israel sprach über seine gestorbenen Söhne und Töchter. Welch großes Gebet.

Maria wird es sprechen, heute noch.

Die Kreuzigung

Lk 23,26–43

So ein Unsinn. Er habe die Schuld von uns allen getragen und erlöst wäre im Kreuz die Schuld von uns allen. Er habe nach dem Willen des Vaters die Welt von ihren Sünden erlöst. So ein Unsinn.

Er konnte am Ende nicht einmal mehr den Balken tragen, den man ihm auf die Schultern, Arme und Hände gebunden hatte. Simon von Zyrene trug ihn. Aber auch der spürte keine Erlösung in seinem Tun. Er spürte die Last, roch den Schweiß und das Blut, sah die Fliegen, wie sie sich in den Wunden seines Körpers labten, hörte die Schreie der Menge, die sich ergötzte an diesem barbarischen Schauspiel der Unmenschlichkeit.

Er trug den Balken. Irgendwer trägt immer die Last eines anderen. Aufgenommen oder aufgeladen. Vielleicht ein Rest Menschlichkeit in einem entwürdigenden Moment der Geschichte, wer mag das sagen. Aber es war kein Mitleid, warum sie ihm den Balken abnahmen und einem anderen aufbürdeten. Es war nackte Berechnung. Sie wollten nicht, dass er zusammenbrach, bevor die größte Pein auf ihn herabgekommen wäre. Sie wollten sich der Lust der Gewalt hingeben und sich das Schauspiel nicht nehmen lassen durch seine Schwäche.

Nackt war er und bloßgestellt vor aller Welt. Nichts sollte mehr an einen Menschen erinnern. Wie Vieh, das man zur Schlachtbank führte, sollte er sein, kein Mensch mehr, nur noch ein Elend seines eigenen Verderbens und ein grausames Spiel der Macht.

Wer sich mit der Religion einlässt, gar anklagt die Vermessenheit, sollte so gedemütigt sterben, dass es sobald keiner mehr wagen wird, gegen sie loszugehen.

Sie, die ihn ans Kreuz brachten, sind längst in den Tempel zurückgekehrt. Keiner mehr war auf dem Weg, sich das Schauspiel zu betrachten, das sie selbst inszeniert hatten. Wer die Massen beherrscht, braucht sich die Hände nicht schmutzig zu machen. Das erledigen andere.

Der König ohne Königreich. Nicht in dieser Welt. Sein Reich nicht und auch nicht Gottes barmherzige Versöhnung. Hier existieren allein die nackte Gewalt und der zynische Tod. Das ist die Welt, in der wir leben.

Das wusste schon Jesaja: Unter die Übeltäter ward er gerechnet. Darin sind wir Menschen meisterlich. Wir hören die Propheten und meinetwegen glauben wir auch ihrer Botschaft für einen Augenblick der Besinnung. Aber sobald sie fordern, wir müssten unser Leben ändern, werden sie geschmäht, verfolgt und umgebracht.

Und, ja, wer sich auf Gott einlässt, wird von den Menschen so jämmerlich bestraft, so als wäre Gott der eigentliche Feind, und weil man ihn nicht umbringen kann, bringt man die Seinen auf Erden um. So ist das mit den Propheten, es ist keiner seinem Schicksal entronnen.

Dass er zwischen zwei Freiheitskämpfern gekreuzigt wurde, ist oft nur eine Randnotiz, aber genau darum ging es.

Menschen konnten und wollten die Freiheit nicht ertragen, die er uns in Gottes Namen zusprach. Freiheit kann es nicht geben in einer Welt, in der Menschen herrschen wollen. In einer solchen Welt können sie Gottes Herrschaft nicht ertragen.

Was war die Botschaft, die von diesem Schauspiel ausging. Irgendwann fingen wir an, die Kreuze in unsere Wohnstätten zu hängen, an öffentliche Plätze und in unsere Kirchen. So als wollten wir sagen: Schau, so viel hat er erduldet, um uns freizusprechen.

Aber es war genau umgekehrt. Wir sollten sagen: Seht, das haben wir Gott angetan. So sind wir verfahren mit seiner Barmherzigkeit. Wir haben sie ans Kreuz geschlagen auf die übelste Weise, die sich Menschen quälend je erdachten.

Das haben Menschen dem Menschensohn beigebracht, bis er nicht mehr zu erkennen war als Mensch, bis seine Würde in der Gosse lag, haben wir ihn gequält.

Zurückgeworfen waren wir bis hin zu jener Ohnmacht, aus der er uns befreien wollte. Wie konnten Menschen leben, die unter seinen Händen heil geworden sind, und sahen nun, wie es dem erging, der sie gesund machte. Welch tiefe Zerrissenheit haben jene bewirkt, die nur ihr Eigenes sahen.

Nie wieder würden die Menschen es wagen, sich zu dem zu bekennen, den sie geschlachtet haben. Sie würden sich zu dem bekennen, den sie aus ihm machen werden im Laufe der Geschichte.

Aber diesem elend Erschlagenen kann kein Mensch mehr folgen. Das haben sie gewollt, das haben sie bewirkt, im Namen des Tempels und seiner Macht.

Ein paar Frauen wagten noch eine Spur Menschlichkeit in einer Szene des Verderbens. Sie weinten. Wenigstens dies. Ein paar Frauen wagten das Gefühl, bei ihm sein zu wollen in seinem Schmerz. Untröstlich war ihr Herz und voller Tränen. Und Klagen und Wehgeschrei der Moment, als er vorüberging.

Er aber wandte sich an sie und sprach: Ihr Töchter Jerusalems, weint nicht über mich, sondern über euch selber weint und über eure Kinder.

Denn da! Tage kommen, da man sagt: Selig die Unfruchtbaren und die Leiber, die nie geboren, und Brüste, die nicht genährt haben! Dann fangen sie an, zu den Bergen zu sagen: Fallt auf uns! Und zu den Hügeln: Deckt uns zu!

All das wird geschehen immer neu, wenn die Verzweiflung über diese Erde groß genug sein wird und über die Menschen, die sie regieren, im Namen der Macht, im Namen der Völker, am fürchterlichsten, wenn sie es tun im Namen Gottes.

Denn wer im Namen Gottes schlachtet, der tut es von oben. Von dort, wo sie das Tor immer neu verschlossen halten und kein Schrei nach Erbarmen den Himmel mehr erreicht. Diese Welt braucht keinen Satan mehr. Sie ist sich selbst satanisch genug. Dämonen fürchte ich nicht mehr, ich kenne die Menschen, das genügt.

Und sie schreien auf: Wenn dies ihm widerfährt, der noch jung und voller Glauben ist. Ihm, der so voll Zuversicht und Sehnsucht seinen Vater gelebt und verkündet hat. Wenn ihm es geschieht, der voller Liebe war. Was wird sein mit jenen, die schon verdorrt und deren Liebe morsch geworden.

Versteh doch, den längst Gestorbenen werden sie kein Kreuz aufrichten, und wenn sie auch noch leben, von ihnen geht keine Gefahr aus.

Das geschieht nur am grünen Holz. Das wird ins Feuer geworfen. Bevor es Leben bringen kann und Leben sich ausbreitet, in einer Welt, die vom morschen Holz sich ernährt. Er kann sich nicht trösten lassen, in diesem Augenblick der Geschichte war er untröstlich.

Und keiner sollte versuchen, das Elend des Erschlagenen zu überhöhen in eine Theologie, die nicht mehr schmerzt. An jenem Tag, als die Finsternis den Tag besiegte, zerriss im Tempel der Vorhang. Es war, als risse sich Gott selber die Kleider vom Leib. Er entblößte sich vor Scham ob der Menschheit, die er geschaffen hat.

An diesem Tag sind nicht die Theologen und Philosophen gefragt. Die Mächtigen sollen sich erklären, was sie bewog, Gottes Sohn hinauszuschicken vor die Tore der Stadt, um im Angesicht des Tempels elend zu sterben.

Und vom Altar des Tempels roch es nach Blut und das Geschrei der Tiere schmorte zu den Gebeten, die sie weiter sprechen werden, im Namen Gottes.

Der Tod

Lk 23,44–56

War es die absolute Gottverlassenheit, die er erlebte in seinem letzten Augenblick, bevor er seinen Geist ausröchelte aus seinem gemarterten Körper.

Schrie er: Eloi, Eloi, lema sabachtani. Das heißt übersetzt: Mein Gott, mein Gott, warum hast du mich verlassen!

Maria erinnerte sich und sprach zu Johannes: Weißt du noch: Als er vom Sterben sprach, einst, vor langer Zeit. Da war ihm, als würde er von Gott geprüft wie einst Abraham. Seine Treue, sein Gottvertrauen, sein Glaube, inmitten größter Pein wollte Gott ihn auf die Probe stellen. Abraham war bereit, seinen einzigen Sohn zu geben, und schon war der Opferaltar für ihn aufgerichtet und das Messer lag an seiner Kehle. So sehr vertraute Abraham seinem Gott, dass er bereit war, Isaak hinzugeben auf dem Altar des Vertrauens.

Doch Gott erbarmte sich seines Freundes Abraham. Soweit darf es nicht gehen, soweit soll es nie wieder kommen, dass Gott zu vertrauen es eines Opferbeweises bedarf.

Doch hier lag der Fall anders. Konnte Gott eingreifen, seinen eigenen Sohn zu retten? Nicht, weil ein Gott es verlangte, wurde er geschlachtet. Er wurde gepeinigt, weil Menschen sich an Gott vergriffen hatten. Seine Macht in ihren Händen hielten. Hier konnte er nicht eingreifen. Nein, hier hätte Gott sich selbst vom Kreuz nehmen müssen, und das hätte die Menschheit vernichtet. Denn gekommen wäre der Messias des Herrn. Und herabgestiegen vom Kreuz hätte das Gericht begonnen, das er nie verhängen wollte.

Hängend am Kreuz vermochte er nur noch zu schreien und wusste es mehr und mehr. Er würde nicht kommen. Das Urteil der Menschen hebt Gott auf Erden nicht auf. Der Gerechte würde sterben und der Sieg der Treulosen wäre perfekt.

Das Gottesmitleid war nie so stark wie in diesem Augenblick und konnte den Sohn doch nicht erretten aus seiner Todesstunde, um der Menschen willen. Der Tod werde zum Mahnmal des Vergessens. Für alle Zeiten würde Gott eher alles Leid dieser Erde erdulden als mit Gewalt die Gewaltigen stürzen.

Und doch, noch war es nicht zu Ende. Sie gaben ihm einen Schwamm mit Essigwein, steckten ihn auf einen Rohrstock und wollten ihn tränken. Aber das war nicht der Kelch, den Gott für ihn bereithielt. Er wollte nicht ohne Bewusstsein sterben, vom Trunk benebelt und nicht mehr bei Sinnen. Gottes Kelch war quälend edler.

Links und rechts neben ihm waren zwei gekreuzigt worden. Der eine verhöhnte ihn: König der Juden, steige herab vom Kreuz, rette dich selbst und uns, die wir geschlagen sind wie du.

Es war eine in Hohn und Spott gebettete verzweifelte Hoffnung. Er spottete Gott, sich selbst, die Welt und ihn, der da sterben würde in einem Augenblick. Voll zynischem Spott wollte der linke die Welt verlassen und hineinspucken in alle Hoffnung. Wie zum Trotz lehnte er sich auf.

Doch gebot der andere ihm Einhalt: Im Angesicht des Todes konnte dieser nicht fortfahren mit seinem gerichteten Leben. Wie als gäbe es ein Morgen, jedenfalls in seiner bitteren Sehnsucht, herrschte er den anderen an: Was unser Machwerk wert ist, empfangen wir, sprach er – der aber hat nichts Unrechtes getan.

Ob er es immer gewusst hat, ich glaube es nicht. Ob er geglaubt hat, er würde die angstvolle Welt von ihren Fesseln befreien können. Ich kann es nicht sagen.

Dass er bereit war, für seinen Vater zu sterben, das glaube ich fest. So innig liebten sie sich, der Himmel und die Erde in ihm. Dass Gott ihn wie einst Isaak vor dem Tode bewahre, diese Hoffnung schwand mit jedem gequälten Augenblick mehr und mehr.

Doch dass er sich verlassen fühlte von Gott, war nur ein Teil seiner schmerzhaft letzten Sekunden. Er fand auch das Ziel, das den Elenden bereitet ist, tief in sich zurück, als jener zu seiner Rechten sprach: Gedenke meiner, wenn du in dein Königtum kommst. Und er sprach zu ihm: Wahr ist's, dir sage ich: Noch heute wirst du mit mir im Paradiese sein.

Unter dem Kreuz warfen sie das Los um seine Obergewänder. Und das Volk stand da und schaute zu. Für sie war längst entschieden, was geschehen würde. Für sie war das Ende besiegelt und die Ordnung wieder hergestellt. Ein Aufmucken der Geschichte, nicht mehr.

Doch er spürte, wie zurückkam, was er als Kind empfunden hatte. Je schwächer er wurde, desto gewisser war es in ihm wieder neu: ein Vertrauen, wie er es als Kind empfunden hatte. Nichts könnte geschehen, kein Leid sei so mächtig über ihm, dass er nicht kommen dürfte heim zum Vater.

Und unter dem Kreuz stand Maria und in ihr Herz bohrte sich das Schwert der Freundschaft, der Zuneigung und der Liebe.

Lasst die Kinder zu mir kommen. Hindert sie nicht. Denn ihrer ist das Reich Gottes. Und werdet ihr nicht wie jenes Kind, so könnt ihr nicht hineinkommen.

Und voll Erbarmen sprach er: Vater, lass es ihnen nach! Sie wissen ja nicht, was sie tun.

Und ob sie es wussten. Sie waren aber so sehr gefangen in ihrer Welt, dass sie eine andere nicht für möglich hielten. Sie traten auf im Namen Gottes und wussten nicht, wer er war. Wie sollten sie da den Sohn erkennen.

Und es war schon um die sechste Stunde und Finsternis ward über das ganze Land hin – bis zur neunten Stunde. Die Sonne war verschwunden; zersplissen der Vorhang des Tempels mittendurch.

Und mit gewaltiger Stimme schrie er und sprach: Vater, in deine Hände übergebe ich meinen Geist. Als er das gesprochen, hauchte er den Geist aus.

Maria stand unter dem Kreuz und Johannes, den er liebte. Neben beiden der Hauptmann, der die Kreuzigung befehligt hatte, sprach: Wirklich, dieser Mensch war ein Gerechter!

Unter Tränen sprach sie zu ihm: Wie kommst du darauf.

Wer so viel erduldet, sprach jener, und bat doch um Vergebung beim Vater für jene, die es ihm angetan hatten, und mitnehmen würde einen der ersten Verbrecher, nur weil dieser zu hoffen gewagt hat. So groß ist kein Mensch, so groß ist Gott allein. Sprach es und ging, der Hauptmann.

Als all die Scharen, die sich zu diesem Schauspiel zusammengefunden, geschaut hatten, was da geschehen, schlugen sie sich an die Brust und wandten sich ab.

Maria, noch im Tode hat er gewonnen, spürst du das, sprach Johannes.

Ich spüre nur Leere und Schmerz und Trauer, sprach sie.

So sehr war der Tod in sie eingedrungen, dass auch keine Tränen mehr waren und fahl und blass ihr Gesicht. Wie als wäre sie selbst gestorben, stand sie wie versteinert vor dem Kreuz.

Gerissen ist der Vorhang im Tempel, Maria. Gottes Wohnung ist nicht mehr Eigentum der Priester, die ihn Tag und Nacht bewacht. Diesen Riss können sie nicht mehr schließen, nie wieder. Und er wird stürzen. Ein für alle Mal. Und auferbauen wird er ihn am dritten Tag.

Maria hörte nicht mehr zu, konnte die Worte nicht mehr hören, so groß war ihr Schmerz.

Josef war gekommen, der aus Arimathäa. Sie nahmen den Leichnam herab, wickelten ihn in das Leintuch, das Maria bereitet hatte, und legten ihn in eine felsengehauene Gruft, darin noch nie einer gelegen war.

Sie beschauten das Grab und wie sein Leib gelegen war. Heimgekehrt, bereiteten sie Duftkräuter und Salböl. Über den Sabbat freilich ruhten sie, gemäß der Schrift.

Die Botschaft der Engel

Lk 24,1–12

Johannes hatte sich in den Armen von Maria in den Schlaf geweint. Ohnmächtig war er am Kreuz gestanden. Wenigstens hatte er den Mut aufgebracht, nicht davonzulaufen. Ein schwacher Trost. Die Tränen bringen den Freund nicht zurück. Die Liebe war ihm gestorben, seine ganze Freude. Er würde sein Lachen nicht mehr finden. »Lilien auf dem Felde«, sie waren verdorrt.

Maria: Mitten im Tränenmeer der Niedergeschlagenheit verlorener Liebe. Heimatlos geworden in ihrer Liebe geht sie langsam durch die Nacht. Einsam geht sie allein. Kein Wort vermag zu trösten, keine Prophezeiung erweckt Leben, nicht in dieser Nacht. Einsamkeit ist ihr Begleiter.

In der Stadt lachen sie und trinken. Der Spuk ist vorüber. Die Macht hat gesiegt über den Traum. Träume waren immer gefährlich. Die das Leben in den Griff bekommen wollten, hatten gesiegt. Jetzt herrscht wieder Ordnung im Land. Endlich Ruhe vor dem Prediger der geschundenen Herzen. Endlich ist Ruhe. Es stand auf Messers Schneide. Vor König David hätten sie gezittert, nicht vor diesem Mann. Wer keine Waffen trägt und keinem Heer befehligt, von dem geht keine Gefahr aus. Freiheit, welch gewaltiges, gewaltloses Wort.

Sicherheitshalber wird der Tod bewacht. Es soll endgültig tot sein, was gestorben ist.

Am Morgen: Kein Wort. Die Freunde tun, was im Angesicht des Todes zu tun ist. Lasst uns den Toten salben. Zärtlichkeit seinem geschundenen Körper, Gedächtnis des Todes. Ein Stein, ein wenig Öl und die Tränen der Nacht. Mehr gibt es nicht zu tun.

Dann bleibt nur das Erschrecken: Das Grab ist leer. Kein Auferstehungsgedanke, sondern noch tiefere Leere. Nach dem Tod findet sich nichts mehr, nicht einmal der Leichnam, am Ort der Ruhe. Man hat ihn aus dem Grab genommen und wir wissen nicht, wohin man ihn gelegt hat.

Nein, wir wissen es nicht. Wer wissen will, was im Tode geschieht, wird die Tränen nicht auffangen können. Sie fallen ins Tränenmeer unendlicher Einsamkeit. Im Tod ist Leere, für alle, die es wissen wollen. Am Ende bleiben die Leintücher verzweifelter Suche.

Ich weiß nicht, wie viele Nächte Maria, Johannes, Petrus, die Freunde geweint haben. Einige weinen noch heute. Andere sind verstummt, haben die Worte nie mehr gefunden. Nur wenige hielten an der Hoffnung fest. Es ist die schwierigste, tiefste, aber bis heute am wenigsten bewiesene Hoffnung.

Es ist die Frage nach Heimat, die der Tod stellt. Welcher Heimat willst du vertrauen. Diese Welt ist dir geschenkt. Aber nicht für immer. Die Häuser stürzen ein und die Macht vergeht. Die Gärten, die du pflanzt, werden zur Steppe. Der Wein, den du trinkst, wird den Durst dir nicht löschen, nicht auf ewig.

Er hatte es gesagt. Sie hatten es gehört. Jetzt entscheidet sich, ob sie dem Glauben schenken. Einst wird der Menschensohn zurückkehren zum Vater. Einst wird die Welt zurückkehren zu dem, der sie geschenkt. Sie wird nicht zurückgenommen, sie kehrt zurück. Beschenkt mit dem Reichtum des Lebens kehrt sie zum Vater zurück.

Einst war die Botschaft ein Traum, dann Vision. Wo immer sie leben darf, kehrt das Leben zurück.

Und sie spürt Leben: Maria, auch dem Jünger, den er liebte, dann den Freunden, ganz langsam kehrt die Liebe zurück nach den Tränen. Und sie fragen: Bist du es, Freund?

Ja, ich bin es. Sucht den Lebendigen in eurer Liebe. Am Tag nach dem Tod wussten sie es noch nicht, dann aber erwachte in ihnen das Vermächtnis zum Leben. Und sie nahmen den Freund bei der Hand, in zärtlicher Umarmung des Herzens, und kehrten zurück ins Leben.

Was kaum in Worte zu fassen ist, inmitten von Abschied und Schmerz, ist unser Glaube.

Vorsichtig tastend möchte ich es versuchen: Wohin bist du gegangen? Die Engel am Grab brachten Maria die Botschaft:

Es war einmal eine Tür, die stets verschlossen schien. Es war eine mächtige, ja gewaltige Tür, die nie zuvor ein Mensch geöffnet sah. Niemals öffnete sie sich weiter als für einen Menschen und immer nur für einen Bruchteil von Sekunden, sodass auch kein zweiter nur hindurchsehen konnte. Es war die Tür, die allen Lebenden verschlossen blieb, denn nur im Augenblick des Todes öffnete sie sich in einem mächtigen Stöhnen, um sich gleich darauf mit einem großen Knall wieder zu verschließen.

Wie oft schon standen wir vor dieser Tür, tränenerfüllt und einsam versuchten wir zu öffnen, was stets verschlossen blieb.

Wohin im Tod, schrie die Verzweiflung, und hämmerte auf jene Tür ein mit aller Macht des Zorns. Du wirst der Kraft der Verzweiflung nicht standhalten können, schrie sie. Und gib uns zurück, was uns der Tod gestohlen hat, schrie sie. Wir waren noch nicht bereit für diesen Weg. Keiner ist bereit, sprach die Tür. Es gibt ihn nicht, den rechten Augenblick zum Sterben. Doch alle Kraft: Dein Zorn nicht und kein Zweifel werden dir diese Tür öffnen.

Da kam die Traurigkeit und suchte mit dem Tränenmeer der Liebe jene Tür zu öffnen. Doch keine Träne konnte die Tür auch nur einen Spalt weit öffnen. Die Liebe setzte sich in Tränen gehüllt und sprach leise, was nur die Liebe sprechen kann: Ich werde weiter lieben, was mir genommen ist, und auch wenn du verschlossen bleibst und keine Macht der Welt die Tür zu öffnen mir vermag, so wirst du mir die Liebe niemals nehmen. Diese Macht hat nicht einmal der Tod.

Dann kamen Sehnsucht und Verstand. Doch beide setzten sich, berührten nicht die Tür. Nüchtern und kalt sprach der Verstand: Für manche früh und manchmal spät, doch immer ist es diese Tür, die sich am Ende auftut, um das Leben zu verschlingen. Das ist das Leben. Da magst du weinen oder schreien. Doch diese Tür, sie steht bereit vom ersten Augenblick, da du das Licht der Welt erblickst und keiner weiß, wann sie sich auftut, dein Leben zu verschlingen. Und dann, so sprach die Sehnsucht, was liegt hinter dieser Tür? Was kommt danach, was ist mit unserem Leben?

Nichts, sprach der Verstand, nichts – ich kann in meinem Denken und Verstehen nichts entdecken, was dort noch leben soll: Ist es Himmel oder Hölle, ich weiß es nicht. Glaubst du, du könntest Himmel wohl von Hölle unterscheiden, den blauen Himmel von dem Schmerz. Und die Sehnsucht sprach: Ich halte Traurigkeit für Wandel. Wie ich mir wünschte, du wärst hier.

Die Tür blieb verschlossen und wird es bleiben, sagten sie einander. Verzweiflung und Zorn paarten sich zum Tränenmeer. Sie verspotteten die Sehnsucht, der doch nur Erinnerung bleiben würde, und wollten sich mit dem Verstand dennoch nicht zusammensetzen. Er blieb allein mit seinem Wissen um die Sterblichkeit, denn sie konnte keine Antwort auf das Leben sein. Zu wenig zum Leben, flüsterte das Leben.

Da kam die Hoffnung und sprach in leisen Worten von einem Leben, das kommen wird. Es wird ein Leben sein, sprach sie, das unser Leben hier mitnimmt in ein neues. Was zu Ende gegangen, wird sich in einem neuen finden.

Woher willst du das wissen, sprach der Verstand. Keiner hat es je gesehen, keiner kam zurück und keiner kann es wissen. Nein, ich kann nur Ja sagen zu einer Welt, die ich auch greifen kann. Ich will sehen, ich will berühren, ich will Beweise.

Das kann ich nicht, sprach die Hoffnung, ich kann dir die Liebe nicht beweisen, von der ich hoffe, dass sie bleibt und weiterlebt.

Aber ich kann es, ward eine leise sanfte Stimme zu hören. Eine Stimme, die dem Verstand Angst machte: Ich war schon drüben, dort hinter der Tür. Ja, ich habe es gesehen, das Leben nach dem Tod. Wie war es, fragten alle. Nichts geht verloren, sprach die Stimme: Jede Sekunde deines Lebens ist wichtig für das Leben, das dort neu beginnt. Die Sorgen gehen verloren und das Leid. Und alle Schuld der Welt wird dort Erbarmen finden. Aber die Liebe wird aufgehoben in der alles bewahrenden Hand eures Gottes, der euch erschuf.

Warum, so fragten die anderen, warum hat er uns geschaffen, wenn wir doch sterben müssen. So ist es nicht, sprach die Stimme. Das Geschenk des Lebens wird nicht genommen. Es kehrt heim zum Vater, der alle Tränen und alles Leid, alle Freude und alle Liebe mit euch gelebt hat. Dort leuchtet eure Liebe wie die Sterne der Nacht – in vollkommenem Glanz.

Einst ward ihr nur ein Gedanke. Dann durftet ihr leben, wie nur Menschen zu leben vermögen, in Freiheit zur Liebe berufen. Dann kehrt ihr zurück und seid mehr als nur ein Wort. Ihr seid das Leben und kehrt in die Ewigkeit zurück. Alle Tränen werden getrocknet, aber die Liebe bleibt.

Wer bist du, fragten sie, dass du so sicher bist? Ich bin die Liebe, sagte die Stimme. Und mir war, als öffnete sich die Tür für einen kleinen Augenblick.

Und fern in den Himmeln, nahe am Herzen trugen die Engel den Schmerz hinfort und den Tod.

Auf dem Weg nach Emmaus

Lk 24,13–35

Die Jünger, die sich aufmachten nach Emmaus, hatten kein wirkliches Ziel. Wie konnten sie auch.

Petrus hatte ein Ziel, er ging zurück nach Galiläa, zusammen mit den Freunden. Alles hatten sie ihnen genommen und nur die ferne Vergangenheit war ihnen geblieben, die Zeit, die sie kannten, bevor er sie mitnahm auf seinem Weg nach Jerusalem.

Sie würden fischen wie einst. Leben wie einst, sterben wie alle. Er war gestorben, sie würden ihm folgen, einst. Einige der Frauen hatten berichtet, es wären Engel am Grab gewesen. Mag sein.

Er jedenfalls war nicht nur gestorben, auch der Leichnam war nicht mehr zu finden. Nichts mehr war zu finden. Eine solche Unordnung im Herzen, dass es keinen anderen Weg mehr gab, zurück nach Galiläa, fort nach Emmaus, wo immer das war. Mag sein, dass man ihn im Glauben finden würde, aber auch der war verloren gegangen in dieser Nacht. Ob die Engel die Frauen trösten konnten, wussten sie nicht zu sagen. Sie fanden keine Ruhe und mussten fort.

Immer wieder blieben sie stehen, sahen sich an und fragten sich, was sie wohl falsch gemacht hatten. Sie konnten es nicht begreifen. Sicher, sie hätten es anders gemacht. Sie wären in Galiläa geblieben. Warum hat er sich nicht damit abgefunden, ein paar Menschen seine Nähe zu schenken.

Den meisten guten Menschen genügt das. Ein wenig Himmel auf Erden wäre doch mehr gewesen, als die ganze Finsternis zu ertragen.

Zuhause haben sie ihn auch nicht verstanden. Zuhause hätten sie ihn beinahe gesteinigt, als er von Gottes Wirklichkeit sprach.

Erinnerst du dich. Er nahm die Schriftrolle, in der geschrieben steht: Geist des Herrn ist auf mir, weil er mich gesalbt: Armen Heilsbotschaft zu bringen, hat er mich gesandt. Gefangenen Freilassung zu künden, Blinde aufblicken zu lassen, Unterjochte in Freilassung zu senden, anzukündigen das Jahr, das willkommen ist dem Herrn.

Damals schon redete er davon, dass wir unseren Glauben nicht einfach in Anbetung der Wahrheit verbringen dürfen. Damals schon fand er sich nicht damit ab, dass wir den Himmel in die Schriftrollen und in unsere Gebete verbannt hatten.

Und sie hätten ihm geglaubt. Aber einer sprach aus, wer er war. Der Sohn des Zimmermanns. Von einem solchen konnte kein Wort Gottes ausgehen. Von ihm durfte es nicht auf Gegenwart hin gedeutet werden. Und sie beschimpften ihn. Er aber schritt mitten zwischen ihnen hindurch und ging fort.

Es war der Tag, den keiner von uns so richtig verstand, der hat ihn nicht mehr losgelassen. Ob es wie ein Blitz vom Himmel war, eine Eingebung, reines Nachdenken über Himmel und Erde, ich kann es nicht mehr sagen.

Ich weiß nur eins. Als er den Satan aus dem Himmel stürzen sah, da stürzte sein ganzes Glaubensgebäude der Angst und des Gehorsams zusammen. Wie auf einmal stand ihm der Himmel offen. Dem Leben stand der Himmel offen und alles, was wir mit dem Himmel verbinden, war auf einmal hier auf Erden möglich. Ausgelassene Freude, gelingendes Glück auch für die Allerkleinsten, ein Fest des Lebens. Es gab ein Heilwerden in der Welt, das macht es heilig.

Und keiner, Maria nicht, die Freunde nicht, keine Macht auf Erden konnte den Gang nach Jerusalem jetzt noch verhindern. Denn auch dort suchte er das Zelt Gottes unter den Menschen, auch von dort musste die Botschaft ausgehen: Du darfst vor Gott dein Leben leben.

Maria träumte, der Tempel dürfte kein menschliches Bollwerk mehr sein, das Leben verhindert. Von dort müsste Lebensfreude pur ausgehen. Und stürzen müsste er, wenn er zum Machtportal der Mächtigen über die Menschen geworden wäre.

Ist er daran zerbrochen? Und musste er nicht all das erleiden, dass sich die Gewalt im Angesicht des Geschundenen selbst absurd wird. Wo er das Leben suchte, das Zelt Gottes unter den Menschen, da fand er nur Menschen, die das Leben gefangen hielten.

Angefangen von Mose und allen Propheten forschten sie in allem, was sie je geglaubt hatten, seinen Gedanken nach und fanden immer neu den Menschensohn, der sich an die Verlorenen hielt, sie zu trösten, um ihnen neues Leben zu schenken.

Und sie fanden Gottes Wort in seinen Händen, die einen Menschen zu berühren in der Lage waren. Und als sie ihn in Kafarnaum mit Gewalt zurückholen wollten in seine alte Welt, in Familie, Gesetz und Ordnung, da schrie er sie an, zeigte auf die Gebrochenen und rief: Hier ist meine Mutter und hier sind meine Brüder.

Mehr und mehr begriffen sie, dass es kein anderes Ende nehmen konnte. Die Welt würde sich nicht ändern lassen durch einen guten Menschen. Und dass Gott der Vater darauf gesetzt hatte, den einen gegen alle und so viele. Sie begriffen es nicht.

Zu sehr waren sie in ihrer Trauer gefangen. Zu sehr schmerzte der Verlust des verlorenen Freundes. Sie waren nicht einmal mehr in der Lage, mit Gott zu ringen. Zu sehr spürten sie noch seine Nähe, und ja, in seiner Nähe spürten sie auch den Vater. Doch der Tod war ihnen zu nahe, zu gewaltig der Schmerz einer gestorbenen Hoffnung.

Als es Abend geworden war, kehrten sie ein. Sie waren angekommen im Nirgendwo, das sie Emmaus nannten. Dort im Haus brannte noch das Feuer am Herd. Menschen waren versammelt um einen, der gerade verstorben war. Klageschreie waren zu hören und die alten Gebete. Noch in der Nacht würden sie ihn zu Grabe tragen und den Stein vor seine Gruft rollen.

Und es verstummten die Klagenden, als ein Mädchen einen Krug mit Wasser brachte und begann, seine Füße zu waschen.

Sie sahen zu, wie sie den Schwamm tauchte in den Krug und behutsam die Füße wusch, erst die Zehen, dann hinauf bis zu den Knöcheln. Sie sang ein Lied dabei und lächelte, wie Kinder es tun, wenn sie sich aus ganzer Seele innerlich freuen.

Was tust du da, fragten sie das Mädchen. Ich wasche seine Füße. Das sehen wir, aber sag uns, Kind, warum tust du das. Als jener ging zum Sterben, sprach das Mädchen, da starb alles Elend in ihm. Schmerz und Verzweiflung, Angst und Furcht seines Lebens starben dahin, auch seine Sünden.

Jetzt wasche ich seine Füße, damit kein Staubkorn menschlicher Verzweiflung und Angst dieser Erde den Himmel schmutzig macht, zu dem er sich aufmachen wird in diesem Augenblick. Der Staub, der Menschen sich klein fühlen ließ. Der Staub, der wie Angst in den Knochen saß, man könne das Leben verlieren.

Und in unserer Erinnerung soll bleiben, dass vor Gott jedes Leben wert ist für die Ewigkeit. Lebendiges Wasser sollte den Tod berühren, in jedem Augenblick des Lebens, auch im Tode. Und jener, unser Vater, lässt ihn mit zarter Liebe heimkehren in sein Reich, das hier begonnen und dort vollendet wird.

Gütig streichelten sie das Gesicht des Mädchens, legten sich zu Tisch. Und einer brach das Brot und sprach die Preisung, brach es und reichte das Brot dar.

Und siehe, ihr Herz brannte, als sie das Brot brachen und tranken den Wein, sie spürten das Wasser des Lebens vom Fuß bis zum Kopf. Leben wurde geteilt und die Toten gegeben in die Hand Gottes.

Der Abschied

Maria blieb lange im Garten allein. Johannes war mit den anderen gegangen. Aus Furcht vor den Menschen trafen sie sich geheim.

Er sei ihnen erschienen. Ein Geist, sprachen die einen, eine Erscheinung die anderen. Er selbst, hofften die, die ihn liebten. Er habe die Wundmale getragen und mit ihnen gegessen. Die Gedanken schwirrten in ihren Köpfen, in ihren Herzen. Und er habe vom Frieden gesprochen, vom Nachlass der Sünden, von der Umkehr der Völker. Von Jerusalem aus würde die Botschaft der Versöhnung gesprochen. Von Jerusalem aus sammeln sich die Völker um ihn, der erstanden war vom Tod.

Sie wollte nicht dabei sein, konnte es nicht. Ihr war einer begegnet in dieser Nacht, als sie zum Grabe kam. Ein Fremder, denn sie erkannte ihn nicht. Zu tief lag die Trauer auf ihrer Seele.

Doch als er sie mit ihrem Namen ansprach, war es ihr wie damals, als er die Tochter des Jaïrus vom Tode erweckt hatte. Es war, als er ihren Namen aussprach, wie nur er ihn aussprechen konnte, da wurde ihr Herz berührt und sie wollte ihn halten, festhalten so, wie sie ihn gekannt hatte. Sie würde seine Wunden pflegen und den Tod salben.

Doch er sprach: Maria, lass mich gehen. Zum zweiten Mal sprach er es aus, wie vor Tagen, als er dem Tod entgegenging, sprach er: Lass mich gehen. Was jetzt geschah, wird nie ein Mensch erklären können. Und wir sollten es auch nicht versuchen.

Maria spürte, dass sie ihn nicht mehr zurückbekam von den Toten. Nie wieder würde es sein wie einst. Seine Hand würde die ihre nicht mehr berühren. Seine Stimme würde ihr Ohr nicht mehr vernehmen. Seine Augen blieben verschlossen und ihre würden sein Angesicht nicht mehr erblicken.

Und doch, als er ihren Namen sprach über den Tod hinaus, wusste sie sich vom Leben berührt. Nein, sie konnte ihn nicht festhalten. Das kann kein Mensch. Du kannst, die in den Tod gehen, nicht halten. Und Trauer bleibt dir als Angeld der Ewigkeit und Zeichen deiner Liebe.

Aber die sich ansprechen lassen vom Leben, mit ihrem Namen, über den Tod hinaus, spüren: Er lebt.

Was aus Maria geworden ist, vermag ich nicht zu sagen. Sie geriet mir aus dem Blick in jenem Garten, in jener Nacht, an jenem Tag. Ich glaube, sie war bei denen, die sich im Gebet versammelt aneinander hielten, bis sie der Geist rief, ihn zu verkünden als den Lebenden.

Ob sie es gesehen haben, wie er zum Himmel emporgetragen wurde, kann ich nicht sagen, dass sie es gespürt haben, davon bin ich überzeugt.

Ich konnte ihm folgen, weil ich sie gekannt habe in meinem Herzen. Sie, die so voller Liebe war zu ihm, dass er ihr lebendig blieb. Bis heute!

Wofür hast du gelebt?

Ich, der ich diese Gedanken bewahren durfte, verlasse Maria, Johannes, Petrus, die Freunde. Ich stelle mir vor, ich könnte ihm begegnen. Ihm, der mir alles bedeutet.

Und stelle mir vor, es wäre Weihnacht. Nach alledem – ein Tag der Geburt.

Es war in der Zukunft, als wir uns sahen. Ich erkannte dich an deinen Wundmalen. In deinen Augen sah ich den Schmerz der Jahrhunderte, die Geißelschläge und den Spott. Deine Liebe sah ich, jene zarte und mitfühlende Liebe, die ich für Augenblicke mit dir spüren durfte.

Ich war alt geworden zu jener Zeit. Fast war es, als spürte ich die Schwelle schon. Ich war nicht bereit zu leben, zum Sterben hatte ich die Kraft noch nicht – also saßen wir beide an der Schwelle. Du dort, wo wir den Himmel vermuteten, und ich in meinem Sessel, der nahe am Kamin stand – ein Glas Wein, Beethovens Messe in C-Dur. Mir war kalt, und doch versuchte ich meine müden Gedanken noch einmal zu sammeln. Immer öfter vergaß ich sie. Sie verloren sich wie die Bilder der Vergangenheit.

Heute – es ist dein Geburtstag, und viele Geschichten ranken sich um deine Geburt. Ich wollte es dich immer schon fragen. War es wirklich so kalt bei deiner Geburt, wie uns die Geschichten glauben machen wollten? Oder waren die Menschen erkaltet? Und war ein Engel draußen auf dem Feld bei den Hirten? Hielt Josef dich in dieser Nacht? Und sah Maria wirklich den Frieden auf Erden in deinen Augen?

Wofür hast du gelebt? Wofür und warum gab es dich? Ich sah in den Flammen im Kamin jeden Augenblick deines und meines

Lebens. Und ich suchte die Spuren der leuchtenden Farben unseres Lebens zu unterscheiden von der Asche, die die Glut zu erdrücken sucht. Ich wollte sie noch einmal spüren. Die Kostbarkeit des Lebens zu erahnen, waren wir beisammen.

Wie oft waren die Augenblicke austauschbar? Wie viel des Lebens war Pflicht? Wie viel war Schuld? Wie viel Gewalt hat unser Leben mit Gegengewalt beantwortet? Wie viel Leben war erkauft? Wie viel vergeudete Zeit war mein Leben? Wie viel Böses wurde überwunden mit noch schlaueren Grausamkeiten?

Wie vielen Lagern gehörten wir an? Und wie viel Öl der Gleichgültigkeit haben wir ins Feuer gegossen und uns vorgemacht, es würde aus Leidenschaft brennen? Ob ich immer Recht behalten habe?

Spaltung haben wir gelebt und Dogmen geschrieben. Rituale des Todes haben wir ins Leben geworfen. Und Menschen bestraft, wenn sie an dich nicht glauben wollten. Verachtet haben wir jene, die dich mit Freude gesucht haben, aber uns nicht gefolgt sind. Gefeiert haben wir das Wort des Lebens und haben es doch mit unseren Worten erschlagen.

Heute frage ich mich, ob wir wirklich notwendig waren für diese Welt. Haben wir wirklich gelebt? Ist irgendwer noch da, der sagen würde: »Ich spüre, dass es dich geben musste!«? Vielleicht sollten wir so fragen an dem Tag, da wir uns deiner Geburt erinnern, weil du schließlich deshalb auf die Erde gekommen warst. Welcher Augenblick in deinem Leben war dein eigener? Welche Augenblicke deines Lebens möchtest du bis in die Ewigkeit hin verlängern?

Für mich habe ich eine Antwort gefunden. Es sind ausnahmslos die Momente, in denen meine blinden Augen wieder zu sehen wagten, weil ein anderer Mensch sie berührt hatte. Es waren die Augenblicke, als sich meine Ohren öffneten und ich die Lieder wieder hören konnte und die Schreie der anderen. Es waren flüchtige Augenblicke der Torheit, als sich mein Mund öffnete und Worte fand, dir eine Welt zu ersehnen, wie ich sie dir immer schenken wollte und vielleicht auch für Augenblicke schenkte.

Wahrhaft ewiges Leben spürte ich, als du zu träumen begannst und Sehnsucht verspürtest nach deinem eigenen Leben, du selbst zu sein, mir versprachst und deine Lieder singen würdest. Nicht dieses abgekupferte Leben, nein, dein eigenes solltest du leben. Ich will dich nicht gehorsam und nicht fügsam. Ich will dich in unsere Beichtstühle nicht mehr einsperren und dir kein Mahl zelebrieren, das keine Versöhnung mehr kennt. Ich will dein Glück. Nur solche Momente taugen für die Ewigkeit. Du wirst dich schutzlos riskieren, weil du nur einmal lebst und nur für wenige Jahre.

War das gemeint, als du sprachst vor langer Zeit und selbst deine Jünger es nicht glauben wollten? *Wer vertraut, hat unendliches Leben, und: Ich bin das Brot des Lebens. Dies ist das Brot, das aus dem Himmel niedersteigt, dass man davon esse und nicht sterbe. Wenn man isst von diesem Brot, wird man leben bis ins Unendliche.*

Diese Sehnsucht verspüre ich heute, da wir den Tag deiner Geburt feiern. Es ist die Sehnsucht nach Leben. Es wird die Sehnsucht sein nach glücklichen Momenten, die dein eigenes Glück zum Glück für andere werden lässt. Keinen Augenblick wirst du festhalten können. Du wirst ihm sehnsüchtig nachjagen und auf deinem Weg nichts anderes erlauben als das Glück der anderen, um deinem eigenen neu zu begegnen. Du wirst Vertrauen schenken und dir das Leben der anderen vertraut machen, bis dein Herz jene Stille spüren wird, in der dein Vertrauen dir als Flamme ins Herz zurückgeschenkt wird aus der Leidenschaft des Augenblicks, der allein dir und mir gehört.

Sehnsüchtig wirst du der Ewigkeit entgegengehen. Nicht deine Wundmale werden dich einmalig machen für den Himmel, sondern allein deine Liebe.

Also esst und trinkt am Tag der Geburt. Esst den Leib der Sehnsucht und trinkt und erhebt das Glas der Freude und des Glücks. Es ist dies der Tag, Brot zu verschenken und das Leben. Und lächelnd kehrt er heim zum Vater. Mir bleibt Zeit zu leben und das Glück.

Der Autor

Michael H. F. Brock, geboren 1961, ist Prälat, Vorstand der Stiftung Liebenau, Meckenbeuren.

Er war zwei Jahrzehnte Seelsorger in Stuttgart. Dort Pfarrer der Heilig Kreuz Gemeinde, Stuttgart-Sommerrain, Dompfarrer an St. Eberhard, Stuttgart, Stadtdekan von Stuttgart und Regionaldekan der Region Stuttgart.

Einem breiten Publikum ist er bekannt durch zahlreiche Publikationen und Verkündigungssendungen im Rundfunk.